Pour être heureuse

B. JOUVIN

—

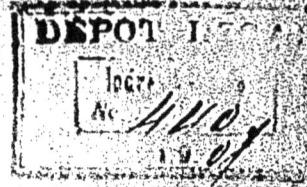

Pour être heureuse

—

PARIS

LIBRAIRIE ACADÉMIQUE

PERRIN ET Cie, LIBRAIRES-ÉDITEURS

35, QUAI DES GRANDS-AUGUSTINS, 35

1907

S'il fait du bien à quelque femme jeune ou vieille, cela suffit : ce petit bout de livre devait être écrit.

1

POUR ÊTRE HEUREUSE

INTRODUCTION

Ou nous sommes des êtres admirables, composés d'une âme divine, d'un corps tout à la fois fort et délicat... ou nous sommes de simples merveilleuses machines actionnées par des moteurs de puissances diverses, dans un ensemble presque inextricable de pièces compliquées, minutieuses, d'une ingéniosité pleine d'ordre et de précision.

De toutes façons, nous avons besoin de direction intelligente, d'aiguillage savant et précis, de soins précautionneux, de réglage journalier.

Une auto toute neuve ne va pas parfaitement dès sa première sortie : un mécanicien
nous expliquera qu'elle doit être soigneuse-
ment réglée sur route pendant bien des jours ;
qu'il faut que son moteur s'échauffe et que
ses pièces diverses soient surveillées ou même
changées.

Réglons donc judicieusement nos machines, nous aussi ; apprenons à connaître nos
moindres rouages, nos forces et nos faiblesses, ou nous risquons fort de n'aller ni loin ni
longtemps sans accidents ; dans ce temps où
la machine devient la reine du monde on se
fait gloire d'être un habile conducteur d'auto;
si nous cherchions, ce qui est encore plus difficile, à être un bon conducteur de nous-
mêmes ?

Chemin de la vie.

Lorsque nous naissons à la vie active, la force créatrice semble nous placer sur un haut sommet où nous nous dressons dans l'orgueil et la joie de vivre.

Devant nous s'étend un long chemin en pente insensible et nos premières étapes nous les faisons presque toujours au pas de course, les yeux fixés en avant, coureurs insouciants n'ayant qu'un désir : aller vite et loin.

Peu à peu, à force de nous heurter aux pierres, de trébucher dans les ornières et dans les trous, nous ralentissons le pas, nous sommes fatigués ; toujours nous nous arrêtons à l'instant précis où le chemin commence à descendre plus rapide vers un point plus sombre : c'est la halte de l'âge mûr !

Alors nous regardons en arrière, et, craignant le vertige, inquiets de toute cette pente noire, nous continuons notre marche, lentement cette fois, comme à reculons, les yeux, les bras, le souvenir tendus vers le haut sommet de notre prime jeunesse, celui qui demeure seul visible pendant que nous descendons, et c'est pourquoi nos souvenirs d'enfance restent seuls vivants et présents à nos esprits de vieillards.

Entre le commencement et la fin de la route, si nous n'avons pas semé, lors de notre passage, des graines assez vivaces, planté des arbres assez hauts, si nous n'avons pas élevé des édifices assez imposants, rien ne restera visible pour nous consoler et nous intéresser sur nous-mêmes ; la route nous paraîtra vide du début à la fin, et pourtant, le

seul orgueil nécessaire et pardonnable, c'est
celui d'une vie bien remplie.

La névrose à la mode.

En dehors de ce qu'on appelle pompeusement « les grandes malades » qui sont tout uniment des folles, nous sommes toutes plus ou moins tributaires de l'idée fixe ou de ses diminutifs, le désordre d'esprit et la manie.

Les médecins, qui sont de très grands savants scientifiques et la plupart du temps de petits moralistes, ont pour « soigner ces maladies » des moyens thérapeutiques bizarres, dangereux ou même pires.

En résumé, il n'y a pas tant de détraquées, d'inconscientes, d'irresponsables qu'on le prétend ; la névrose est une façon très commode d'expliquer l'état d'âme d'une femme qui a été mal élevée, peut-être même pas élevée du tout ; qui n'a ni caractère naturel, ni volonté acquise, ni esprit de conduite imposé ; qui aspire à un vague bonheur avec une non moins vague idée de ce qu'elle voudrait qu'il fût ce bonheur-là ; qui ne sait quoi faire de sa vie et l'embarrasse à plaisir d'une foule de choses absurdes ou dangereuses, parmi lesquelles elle se débat, s'empêtre, tombe et meurt moralement, sans savoir pourquoi ; par veulerie, ignorance, lâcheté et imprudence, faute d'une indication secourable et discrète, au bon moment psychologique, ce moment qui attend toutes les femmes à certains tournants de leur vie.

Il n'y a qu'une chose qui réellement tire une femme du gâchis physique et moral où la conduisent très sûrement la naturelle incohérence de son cerveau, l'anémie de sa volonté, le désordre boueux de ses pensées, la sensi-

blerie de son cœur et la froide congélation de
son égoïsme ennuyeux et ennuyé.

Cette petite chose insignifiante en appa-
rence, ce moyen toujours infaillible, quand
on l'emploie sans faiblir, avec grand soin et
une intelligente persévérance : c'est l'habitude.

Si nous voulons vivre et bien vivre, sans
végéter, tout en nous doit être réglé, non par
la routine, mais par la saine discipline des
habitudes.

Habitudes physiques, habitudes morales,
habitudes sentimentales et intellectuelles :
voilà le tout de la vie.

Réfléchissons loyalement à celles que nous
avons ; passons-les, pour une fois, au crible
du bon sens, de la justice, de la franche vérité et nous comprendrons très vite, très clai-
rement, pourquoi nous vivons dans le vide et
l'agitation, pourquoi notre vie ne porte de
bons fruits, ni pour nous ni pour les autres.

Ayons des habitudes strictes, intelligentes,
élevées, applicables à nos devoirs immédiats

et nous vaincrons, sans peine, les détestables
et stupides idées fixes, les mauvaises manies,
les tendances au débilitant laisser-aller.

La superposition est un excellent moyen
curatif; substituons une bonne habitude à une
mauvaise ... ut est là.

Ne dormons pas.

Il y a un très mauvais sommeil, que nous dormons trop, où tout sombre de nous dans un engourdissement mortel : c'est ce veule laisser-aller de nos cerveaux et de nos âmes, cette flottante indécision de nos cœurs, cette pitoyable inertie de nos volontés, de nos courages :

Nous dormons notre vie physiquement, moralement, sentimentalement.

Parfois, un grand choc imprévu nous fait soupçonner en nous des trésors de forces, de ressources et de valeurs que nous ignorions ; puis, la paresse habituelle nous attire à nouveau dans sa complaisante mollesse et nous continuons à ne savoir ni aimer, ni travailler, ni penser, ni jouir, que faiblement, par intermittence, en demi-teintes, pourrait-on dire.

Malgré nos courtes et frivoles bonnes résolutions qui nous procurent quelques trépidations d'éphémère activité nous adoptons la nonchalante méthode du « laissez faire », du « laisser dire », de « l'à quoi bon » ; nous voulons ignorer la science rude et difficile de mener jusqu'au bout une pensée, un désir, une action, une œuvre ; la rouille de l'inactivité nous envahit ; nos ressorts s'encrassent ; la machine fonctionne mal, jusqu'au jour, que nous rendons prochain, de son arrêt définitif.

Défendons-nous donc mieux du mauvais sommeil ; raidissons-nous contre l'enlizement ; combattons l'engourdissement sournois qui nous gagne, par la chaleur de l'action de tout nous-mêmes.

Prenons garde : ne dormons pas sous les dangereuses neiges de la vie.

Vivons notre vie pour la rendre heureuse et féconde.

La vie, qui est tout, n'est laide et ennuyeuse que par les laideurs et les ennuis que nous y mettons nous-mêmes.

Certes, nous ne commandons pas aux événements et peu aux hommes, aussi défendons-nous d'eux de notre mieux, mais, soyons bien convaincus que nos pires douleurs, surtout nos plus fréquentes déceptions, viennent de nous-mêmes, de notre caractère, de notre attristante tournure d'esprit, de notre manque d'équilibre, de notre égoïsme, de tous ces implacables ennemis de notre repos, car ils ne désarment et ne se retirent jamais.

L'art de bien vivre ne consiste certainement pas à se retirer de la vie, au contraire ; il faut remplir ses jours avec vaillance, avec bon vouloir, avec l'entrain et l'amour de vivre ; pourquoi ne pas embellir par notre courage et notre belle humeur le temps si court qui nous est dévolu ?

C'est une belle chose qu'une vie humaine, quand on pense à tout ce qu'elle peut contenir !

Aimons la vie ; ayons-la en nous toujours vibrante, portons-la très haut, ne la traînons pas.

Tous les mourants regrettent de mourir ; allons-nous attendre d'être dans les angoisses de la mort pour nous dire et comprendre que la vie était bonne à vivre ?

Quand on songe que jamais plus nous ne revivrons en nous-mêmes, quel coup de fouet éloquent pour nous faire aller de l'avant, pour nous faire vibrer, jouir, produire, exister enfin.

Organisons avec soin notre existence ; faisons la « donner » tout ce qu'elle peut en cultivant tout de nous ; soyons avant tout des êtres respectueux de la vie qu'ils ont en eux, ardents à la vivre sous toutes ses formes honorables, anxieux de se développer en elle, inquiets de n'en être pas assez reconnaissants et jouisseurs.

Possédons, activons en nous cette chaleur de vie qui fait de chaque être humain un accumulateur d'énergie vitale, d'électricité ambiante, de forces irradiantes et communicatives.

N'éteignons pas en nous le feu sacré de la vitalité.

Celui qui remplit bien sa vie, et qui l'aime, tient vraiment, en main, l'épée flamboyante qui fait reculer la mort et le néant.

HABITUDES PHYSIQUES

Tenue extérieure.

Nos gestes, nos attitudes, notre port de tête, notre démarche, notre façon de nous vêtir devraient être de précieuses indications sur notre personnalité réelle pour ceux qui nous voient, ceux qui nous connaissent ou qui nous aiment : rien n'est pourtant plus trompeur.

Ou nous suivons strictement la mode du jour et alors nous ressemblons, sans originalité, à toutes les femmes qui en font leur règle.

Ou nous cédons à l'attirance qu'a pour nous

tel ou tel rôle qui nous plaît et dont nous nous imposons le masque.

Ou nous craignons de nous singulariser, si nous sortons des visions conventionnelles, et nous sommes alors neutres, impersonnelles, quelconques.

De toutes façons nous ne sommes jamais entièrement nous-mêmes, si bien que nous en arrivons à nous connaître mal, à nous méconnaître, à ne pas savoir les vêtements qui seyent à notre genre d'individu, la coiffure qui convient à notre vrai visage, les attitudes que la structure de notre corps exige ou repousse.

Nous sommes, très souvent, les esclaves du contre-sens : ainsi, nous marchons à grandes enjambées avec de toutes petites jambes, et, ce sont les mains, les plus géantes, qui font certainement les mouvements les plus mignards ; telle forte personne parle d'une suraiguë voix de tête qui effare ; telle autre au facies d'oiseau porte des chapeaux gigantesques sous lesquels on la cherche ; une petite femme grassouillette porte la tête raidie d'un air altier, que son exiguïté rend ridicule ; une lourde personne affecte une allure sautillante qui en fait une grotesque.

Il serait facile, une bonne fois, avec l'aide d'une personne franche et intelligente, en face d'une glace bien claire (dans un désir sincère de se connaître) de s'étudier, de savoir physiquement le type réel qu'on a, les notes discordantes à craindre, la tonalité générale à adopter.

On dira « Soyez donc naturelles, laissez-vous aller à vos tendances », hélas ! notre tendance féminine la plus coutumière, c'est d'avoir la cataracte des deux yeux, quand il s'agit de nous et de notre extérieur (il ne s'agit que de lui pour le moment).

Les couturières, les professeurs, les amis nous trompent ; au fond, cela leur est égal ; les familles ont des points de vue spéciaux qui déforment de bonne foi leur véracité ; alors, il ne reste, comme juges impartiaux, que nous, en face de nous-mêmes.

Jugez, après cela, combien peu d'êtres ont l'extérieur de leur vraie personnalité !

Pourtant, comme le monde serait plus varié, plus intéressant, si chacun était soi.

Voir lever l'aurore.

Il est loin le temps où la femme forte (suivant les livres saints) se levait la première pour le bien-être de sa famille et le désagrément de ses servantes; maintenant, personne n'aspire plus à être parmi les rares sages qui « voient lever l'aurore ».

Tout le monde est d'un touchant accord, pour faire cette unanime réponse, que la vie est bien trop fatigante pour la recommencer trop tôt, chaque jour.

On dit bien encore, parfois, surtout dans le monde des affaires, que la fortune est à celui qui se lève matin, mais tout aussitôt, on vous cite la fable de La Fontaine et tiraillées un instant nous penchons et demeurons du côté du far niente qui séduit.

Cependant une femme, qui se lève tard, perd le meilleur de ses forces, de sa beauté, de sa santé.

Rester trop longtemps au lit alourdit le corps, anémie le cerveau, appauvrit le sang, atrophie les muscles.

Si par une bizarrerie médicale, on ordonne parfois de rester couchées aux belles dames nerveuses, ce doit être, disons-nous-le tout bas, pour nous débarrasser de leur déplaisante présence, pour les tenir prisonnières, bien calfeutrées loin des autres humains qu'elles ennuient et martyrisent avec leurs humeurs, leurs vapeurs et leurs crises.

Quand nous sommes fatiguées, le soir, couchons-nous et dormons ; seulement, le matin, dès notre réveil, habituons-nous à nous rendre lucides presque instantanément ; soyons heu-

reuses d'avoir encore un jour à vivre et vi-
vons-le pour nous conserver intactes d'âme,
d'action, de cerveau ; pensons à tout ce que
nous pourrons y mettre de bon, d'aimable,
d'intéressant, d'utile, et, que ce soit vite fait :
ce n'est pas, après tout, la conquête du
monde que nous préparons ; donc, de rapides
préliminaires ; vite encore, redressons-nous ;
tenons-nous, prêtes à vivre avec vaillance.

Il faut encore savoir vouloir se lever avec
régularité : une demi-heure de trop passée à
rêvasser dans des draps chauds prépare infail-
liblement une journée molle, inutile ou mauvaise.

Nous n'en avons pas tant à vivre, pour en
gâcher quelques-unes ; cette pensée n'est pas
toujours récréative, mais elle est excellente
à joindre à notre délicieux petit déjeuner du
matin.

La propreté ne suffit pas ;
il faut être coquette.

Singulier conseil moral, dira-t-on ; quelle
ironie ! pousser les femmes à la coquetterie ?
Eh bien, oui, car il y en a vraiment trop qui
ne sont pas coquettes du tout, d'autres qui le
sont mal, ou par intermittence, ce qui est dangereux et déplorable.

Par la coquetterie raisonnée, pondérée,
assez habile pour paraître naturelle, une
femme intelligente et tendre sait rester mai-
tresse de sa vie et du cœur des siens ; les
ivorces et les abandons ont souvent de très

petites causes primitives ; les soi-disant petites
choses ont de grands retentissements, dans
une vie féminine.

Pourquoi ne pas dire à la jeune fille, qu'en
tout instant, il faut qu'elle s'habitue à être
« de son mieux », quand, femme, elle devra
lutter, peut-être désespérée, contre de terribles
coquettes de profession.

Croit-on de bonne foi qu'on puisse s'éri-
ger en femme accomplie, comme cela, de pied
en cap, sans y avoir beaucoup songé ? sans
avoir appris ? sans avoir pratiqué, depuis longtemps, tout ce qui donne ce résultat difficile ?
Nous admettons, volontiers, que la propreté
raffinée du corps prédispose à celle de l'âme ;
une peau bien nette et claire, des cheveux
brillants, brossés avec soin, sont, encore une
fois, excellents en soi, mais cela ne suffit pas.

Les infirmières, les garçons de bains « sen-
tent le propre », l'eau, le savon, les cosmé-
tiques, et, cependant, ils n'en sont pas plus
séduisants, n'est-ce-pas ?

Deux femmes sont également ferventes adeptes de l'eau froide, de douches chaudes, etc. ; seulement, l'une sait se coiffer à l'air de son visage (comme disait Mme de Sévigné), l'autre se contente d'avoir une chevelure soignée, formant une coiffure qui ne lui sied pas ; l'une, à toute heure, est arrangée de la façon la plus favorable à son genre de beauté ou de laideur (car elle peut être laide) ; pour elle, jamais de surprise et d'improviste ; l'autre a des « lacunes » ; elle est bien au bal, mal en robe de chambre ; celle-ci adopte, sans contrôle, les couleurs qui sont à la mode ; celle-là n'en prend que les nuances qui lui vont ; l'une sait inopinément sourire, parler, marcher avec grâce quels que soient son costume et son humeur ; l'autre a besoin de préparation, d'entraînement, de toilette spéciale pour être charmante...

Ne poursuivons pas ce parallèle inutile, la conclusion s'impose : l'une est coquette de soi, l'autre ne l'est pas.

La coquetterie extérieure enviable, ce n'est pas bien entendu l'art détestable de chercher à séduire pour faire souffrir, comme fait la coquette d'âme, mais l'art honorable, dont la nécessité est formelle pour la femme, d'être aussi bien, aussi plaisante qu'on le peut, de tirer le meilleur parti de ce pauvre soi physique périssable et fragile.

On ne s'improvise pas séduisante ; il faut l'être depuis très longtemps, depuis toujours, pour l'être au bon moment.

Un père, un frère, un mari ont, malgré tout, si sérieux qu'ils soient, un état d'âme particulier auprès d'une femme d'aspect coquet : la séduction a le droit, aussi, d'être honnête ; tout ne dépend-il pas de l'intention et du but qu'on se propose ?

Les mains de femme.

On aime à se les figurer très pures et très douces, avec des articulations souples et nerveuses, des gestes câlins, maternels, bons, charitables, assoupissants.

N'est-on pas choqué, comme d'une fausse note, de serrer une main féminine revêche, dure, brutale, rêche, aux tendons noueux, aux paumes trop sèches ; ou bien encore ces grasses mains, boules fondantes et suiffeuses, aux doigts fuselés et boudinés, à la peau éternellement moite.

Or ceci est remarquable : on a les mains de son âme et de son cœur.

Prenons-y garde : cultivons nos âmes, nos cœurs et soignons nos mains ; il ne s'agit pas d'avoir des ongles polis et roses comme des griffes de jeune oiseau, mais, de se souvenir que la main la moins belle peut être, malgré cela, la plus propre, son toucher se ressentant toujours d'une façon infaillible de l'électricité que nous dégageons, du bon ou du mauvais fluide qui est dans notre esprit, des sentiments qui nous animent.

Balzac a dit des choses excellentes sur la main de la femme ; pensons, comme lui, que rien n'est plus intelligent et intelligible que cette main qui est (que nous le voulions ou non) tout nous-mêmes, sans déguisement possible.

Politesse.

La politesse extérieure, toute seule, serait odieuse sans l'urbanité de l'esprit et la charité du cœur ; unie à l'une et à l'autre, elle est trop rare.

Il y faut beaucoup de délicatesse de doigté, une compréhension infinie, rapide et profonde des nuances, des êtres, des choses.

Les seules attitudes ne doivent-elles pas, par exemple, varier suivant l'âge, la qualité, l'état d'âme des interlocuteurs ?

Rien n'est plus facile que de blesser par un manque ou un excès de politesse : tel salut omis équivaut à un soufflet, telle exagération d'empressement simulé, à une insolence.

Les règles du savoir-vivre sont infinies et indispensables à toute femme qui souhaite bien vivre.

Le mot « poli » ne veut-il pas dire « dépourvu d'angles » et peut-on supposer que tous les angles d'un être ou d'un caractère puissent s'adoucir, s'abattre, autrement que par un long et persévérant travail d'assouplissement et de polissage.

Jadis, on les apprenait ces règles, dans des livres, un peu surannés, avouons-le, prêtant beaucoup au ridicule, mais, on en faisait une étude qui servait à quelque chose.

Aujourd'hui, on n'apprend plus guère la politesse extérieure ; on en remplace les formules et les formes par la tenue du sans-gêne sportif ; cela vaut-il mieux ?

Pour l'agrément des hommes ? certainement oui, car, ils n'ont plus beaucoup à se plier à des règles de tenue correcte, et, ils peuvent traiter, désormais, toutes les femmes en camarades, ce qui veut dire : en êtres sans importance, avec lesquels « on ne se gêne pas ».

— Non, mille fois, cela ne vaut rien pour les femmes, qui désapprennent l'harmonie et la grâce des gestes féminins ; qui parlent trop vite et trop fort, ne savent être ni accueillantes ni charitables, qui appellent brutalement « des raseurs » ceux qu'on qualifiait, joliment, autrefois, « d'importuns ».

Les façons cavalières sont arrivées à dépoétiser les femmes.

Les révérences, les sourires, les baisers de bienvenue ou de départ ont disparu ; maintenant on se dit boujour, adieu, avec un visage figé, en se cassant réciproquement le bras d'un vigoureux shake-hand, en tanguant sur ses jambes comme en descendant de bicyclette et la porte n'est pas refermée sur votre dernier piaffement que l'on vous déchire, ou déshonore, dans un affreux argot, qui n'a

même pas le mérite de l'esprit, et qui procède,
à la moderne, par brèves pelletées d'ordures
tirées du vocabulaire adopté, un peu partout,
pour plaire « à ces messieurs ».

Bien des mères se récrieront à ce tableau,
hélas ! savent-elles seulement ce que disent
leurs filles ?

Une réunion mondaine est plutôt bizarre à
notre époque :

On parque « les vieux et les vieilles » (c'est
le style moderne) dans un salon pour qu'ils
« se rasent ensemble »; les jeunes dans le
salon voisin rient trop haut ou causent trop
bas; toutes les insanités sont dites et faites
avec la plus insolente désinvolture et le plus
clair mépris de l'opinion des autres; les jeunes
gens ne savent plus parler à des honnêtes filles,
qu'un bien triste langage; les jeunes filles
supportent tout, n'ayant qu'un seul désir :
passer « pour être de bons garçons... ou de
chics types... ou des personnes très allantes ».

On ne sait plus s'incliner, avec respect,

3

devant la vieillesse ; ni se taire, avec retenue, devant la jeunesse.

Parler un peu longuement avec une personne âgée, lui donner le bras pour monter ou descendre un escalier, c'est ce qu'on appelle maintenant : « concourir pour le prix Monthyon ».

Relever une personne qui tombe dans la rue ; donner sa place dans un tramway à une vieille dame qui ballotte, lamentable paquet, sur la plate-forme : c'est être « la dernière des poires ».

Cependant cette façon de se singulariser n'est pas à la portée de tous : elle n'est plus à la mode, c'est regrettable.

Rire. — Sourire.

Le rire, fût-il frais et jeune, est plutôt laid ; il exige toujours une bouche grande ouverte, des yeux larmoyants et plissés, un glousse- ment grotesque de la gorge, des contorsions disgracieuses de toute la face ; le rire est vilain et grossier, laissons-le aux hommes qui ne rient, du reste, le plus souvent, qu'aux laides choses.

Que la femme garde le sourire, qu'elle en use beaucoup et plus encore.

Le sourire est un éclair d'âme qui vraiment illumine le visage et lui donne les expressions les plus changeantes et les plus subtiles.

La royauté de la femme est une royauté d'ombre, ennemie-née des grands éclats ; le rire bruyant, sonore, intempestif ne lui convient donc pas ; mais qu'elle sache, qu'elle apprenne, oui, qu'elle apprenne la précieuse science du sourire dans lequel on peut mettre toutes les nuances délicates de la tendresse, de la pitié, de l'ironie, de la gaieté, de la tristesse, de tous les sentiments ou sensations qu'une femme ne peut, ou ne doit pas toujours exprimer tout haut, mais qu'elle peut expliquer d'un sourire des yeux ou des lèvres.

Les grandes charmeuses de jadis ne riaient pas beaucoup, elles « se tordaient » encore moins, comme on en abuse aujourd'hui ; mais, avec quelle grâce, et quel sûr instinct des nuances elles souriaient !

Heureuse la femme qui sait l'art délicat du sourire: elle sera comprise, elle sera aimée, plus que toutes les autres; elle sera pour toujours armée de l'arme féminine par excellence;

avec sa grâce naturelle elle saura s'éloigner de l'afféterie, du maniérisme et son sourire sera sa dernière beauté, celle qui dure, celle qui donne un suprême charme, même aux plus vieilles lèvres, un sourire communicatif, même aux yeux les plus flétris.

Le rire n'est possible que dans la jeunesse, quand on n'a rien encore compris de la vie; le sourire est roi, même parmi les larmes.

Savoir écouter.

Un homme avisé qui veut épouser une femme possède, très à sa portée, un excellent moyen de la bien connaître, moralement : c'est, en lui parlant, d'observer sa façon d'écouter.

En général, une femme qui ne sait pas écouter est inintelligente, vaniteuse, égoïste, autoritaire ; elle comprend peu ou très mal les choses dites ; elle trouve toujours qu'elle les sait d'avance ; elle oublie le commencement avant la fin, s'y intéresse fort peu parce que ce n'est pas elle qui parle, et trouve que les

autres ne la valent pas et sont bien moins intéressantes qu'elle-même.

Au besoin, pendant qu'on parle, elle s'agite,
fait de petits rangements autour d'elle, qui
dénotent plus de manie que d'esprit d'ordre,
saisit un mot très au hasard, s'en empare
pour parler de tout autre chose ; si elle a, du
moins, la politesse de rester immobile, ses
yeux perdus dans le vague, sa tête qui se dé-
tourne, ses doigts qui manient avec nervosité un bout de ruban, une dentelle de son
corsage, disent, péremptoirement, qu'elle
écoute mal ou même pas du tout.

De là, vraiment, à ne pas comprendre il n'y
a qu'une très mince différence.

Sachons écouter, même les choses ennuyeuses, à plus forte raison les choses intéressantes ; en écoutant avec attention nous comprendrons, nous apprendrons, nous plairons,
trois raisons si essentielles qu'on ne saurait
dire laquelle prime les autres.

Il y a des femmes, ou très bonnes ou très habiles, qui savent écouter avec un art consommé; auprès d'elles, l'être le plus timide ou le plus malhabile en causerie se sent presque éloquent, tout au moins intéressant; quelle reconnaissance, quelquefois inconsciente mais toujours vivace, on a pour qui vous écoute si bien jusqu'à vous donner confiance en vous-même.

Pour une femme, savoir bien écouter est une force, un charme, une admirable puissance : il ne nous est pas toujours possible de le faire, mais, écouter avec toutes les nuances de l'attention et de la compréhension n'est-ce pas notre devoir le plus fréquent et le plus difficile ?

Trop bonne nourriture prise d'une façon désagréable.

S'il existait encore de par le monde un sauvage non civilisé et qu'on le fit entrer, sans explication préalable, dans une de nos salles à manger modernes au moment des repas de famille, il s'effarerait, cela est sûr, de nos visages congestionnés ou blêmes, de nos attitudes courroucées ou pleines d'ennui.

A table nous avons l'air de voyageurs qui craignent de manquer le train ou d'énergumènes réunis pour discuter et se disputer, ou de moribonds pleins de dégoût qui mangent

du bout des dents avec des visages de l'autre
monde.

Les gens du peuple comprennent mieux
l'hygiène primordiale du repas qu'ils prennent, en général, en silence ou en parlant de
choses bêtement drôles, indifférentes à leurs
soucis et à leurs travaux du jour présent ;
nous, bourgeois ou gens du monde c'est tout
le contraire de ce que nous faisons.

Chacun arrive à la table de famille, en re-
tard, sautant sans préparation des occupations difficiles au soi-disant repas en commun ;
chacun est soucieux, mécontent de soi et de
tout ; les parents qui exigent des petits le silence et la tenue correcte donnent aussitôt
l'exemple de la plus maussade volubilité et
chacun déverse brusquement sur les autres sa
mauvaise humeur agressive provoquant la
désolante inquiétude des scènes à faire ou à
entendre, la dangereuse nervosité qui contracte les estomacs et les gosiers.

Il serait prudent, à chacun, de rester quel-

ques instants, tranquille, dans sa chambre
pour se calmer, et réfléchir, pour se préparer,
en quelque sorte, à être sociable ; ceci n'est
pas un conseil si ridicule ! Qui n'a souffert
dans la vie familiale (et beaucoup) de ceux
qui « se préparent à être le plus désagréable
possible » ?

Pour se faire du sang et des muscles, il est
nécessaire de se nourrir normalement et de
digérer en paix.

Disons-le avec brutalité mais disons-le une
bonne fois ouvertement : les dyspepsies, les
maladies des nerfs et des voies digestives pro-
viennent, en très grande partie, du désolant
ennui qui pèse sur nos repas de famille qui
sont agités, inquiétants, mauvais à tous égards ;
les médecins nous l'attesteront.

Il vaudrait mieux, les jours... d'orage, ne
rien manger du tout que d'avaler, en hâte,
avec nervosité, sans savoir ce qu'on fait, sous
l'empire de l'émotion, de la contrariété, de
l'agacement, une nourriture parfois trop suc-

culente, en tout cas toujours trop souvent la même, quels que soient nos états physiques ou psychologiques, ce qui est encore une lourde faute.

Se nourrir suivant l'état de son âme, autant que selon l'état de son corps, cela paraît bizarre au premier abord ; pourtant, l'hygiène des repas devrait être basée là-dessus.

Les gens qui soupent « en musique », les moines qui mangent « en lecture », ne sont pas à plaindre ; ils ont trouvé des formes hygiéniques, bien agréables, de prendre leurs repas ; il y a nombre de maisons où une belle mélodie, un passage de livre intéressant, feraient plus de bien, assaisonneraient les plats d'une meilleure façon que ce qu'on y sert d'ordinaire : à savoir des conversations qui déplaisent, inquiètent ou irritent, enfin « l'anti-digestif familial » par excellence.

Savoir parler.

Les femmes parlent beaucoup ; c'est, paraît-il une grâce d'état qu'elles puissent parler autant sans presque rien dire d'intéressant ou d'utile ; la vérité est, qu'en général, elles parlent mal parce qu'elles pensent peu (ceci sera étudié plus loin), parce qu'elles parlent beaucoup trop vite ou trop lentement, sur un même ton, sans respiration suffisante ou bien placée.

Sans être très musicienne, avec une oreille même à demi-musicale, une femme peut très bien s'habituer à parler sur divers tons, sur diverses notes d'octaves variés ; le tout est d'apprendre et de pratiquer musicalement l'art de la parole.

La lecture, la récitation à haute voix, sont des moyens sûrs et agréables d'apprendre à bien parler.

Il faut savoir dire avec justesse des choses ustes ; telle femme peut tout compromettre de sa vie si elle a parlé d'un ton qui sonne faux en articulant trop fort ou faiblement une phrase décisive.

Les jeunes filles et les enfants, à force de vouloir parler vite, oublient de respirer en temps utile ; il faudrait que nous fassions des exercices de respiration, car il n'y a pas de petits détails inutiles dans tout ce qui concerne un précieux être humain.

Parler d'une façon intelligible, dans des to- nalités différentes, en articulant avec netteté, en appuyant sur les mots de valeur, ni trop ni trop peu, cela paraît courant et simple, n'est-ce pas ? écoutons autour de nous ; observons-nous; le résultat certain de nos observations sera qu'il est fort rare de trouver une femme jeune ou vieille qui parle bien.

Un petit fait à remarquer : voyez cette charmante Madame quelconque en visite ; soit émotion, soit ennui, elle semble toujours à bout de souffle quand elle entre dans un salon ; n'ayant pas l'habitude de respirer jusqu'au fond de ses poumons, elle n'a pas d'air « dans son orgue » ; elle a donc une voix sans force ; ses premières phrases sont hachées, entre-coupées, elle ne sait où mettre ses points et ses virgules ; elle « rate tout à fait son entrée ». Il y a même de fortes chances pour qu'il en soit tout pareil de sa sortie ; il faut savoir respirer et parler, et pour cela faire les études, les exercices nécessaires : tout peut s'apprendre et c'est bien heureux.

Le bon sommeil ; n'exagérons pas
la longueur de nos jours.

Le bon sommeil est celui que l'on dort après une journée bien remplie, quand le corps est très las et que le cerveau n'est pas trop surexcité.

Il est bon de s'apprendre, de se forcer à bien dormir et pour cela il est nécessaire de choisir avec soin son « oreiller », non pas ce coussin de plumes que tout le monde devrait prohiber (soit dit en passant), mais l'oreiller fictif des pensées qu'on se permet ou qu'on se forge avant de s'endormir.

Les gens pieux nous conseillent : « Endor-

mez-vous en pensant que vous ne vous réveil-
lerez peut-être pas le jour suivant ! » Ceci est
sage sans doute, mais très lugubre aussi,
quelque peu théâtral et monastique, ne por-
tant pas du tout à un sommeil agréable ; faites-
en l'essai, vous verrez comme vos rêves seront
pénibles et déprimants.

Combien il est préférable de s'endormir en
regrettant ce qu'on a fait de moins bon dans
la journée ; rien de tel comme oreiller qu'un bon
petit remords (pas trop énorme, bien entendu),
qui nous dégoûte un peu de la vie, de nous-
mêmes, et qui nous fait souhaiter avec élan
l'oubli dans le sommeil avec cette arrière-pen-
sée méritoire et libératrice qu'on jette comme
un défi, le nez au mur « Demain ce sera mieux ».

Pour bien dormir aussi, il est indispensable
de ne pas trop veiller.

Ne l'oublions pas, les heures de nos jours
sont blanches et noires, dormons les noires,
vivons les blanches, c'est assez.

Au nom de la coquetterie et de l'hygiène, il

est salutaire de proscrire les longues veillées :
nous vieillissons assez vite; n'usons pas trop
nos corps et nos esprits aux lumières des fêtes
du soir ; ne flétrissons pas nos yeux et nos
cervelles aux lectures prolongées de la nuit ;
n'intervertissons que le moins possible l'ordre
des phases naturelles de la vie.

Si nous voulons avoir une bonne santé,
pendant de très longues années, si nous souhaitons que nos enfants soient vivaces, solides, actifs, ne calcinons pas notre consti-
tution en nous forçant à rester sous pression
plus d'heures consécutives que notre pauvre
machine n'en peut supporter.

Sachons enrayer à temps et ne surchargeons
pas les étapes ; tout excès de veille, tout manque de repos et de sommeil se paye par une
déperdition certaine de forces morales et physiques qui ne se renouvellent jamais, quoi
qu'on fasse ; ne soyons pas les ennemis de
nous-mêmes, nous en avons bien assez d'autres comme cela.

Les sports.

Au point de vue spécial qui nous préoccupe ici, les sports ne sont intéressants que parce qu'ils donnent l'habitude du mouvement, antidote nécessaire de la veulerie, de l'inertie physiques, trop naturelles au corps féminin.

De tous les sports, c'est, de toute évidence, la marche qui procure le plus d'harmonie et d'équilibre à tout l'être ; dans le pas de marche, bien rythmé, bien soutenu, les membres ont tous une fonction, une attitude normales ; chacun respecte la liberté de son voisin et nul ne prédomine l'autre.

Les mouvements violents si choquants pour une femme y sont inutiles, on peut même dire inconnus, la circulation n'est ni plus active, ni plus ralentie; la respiration doit y être normale et la tête conserve son attitude naturelle, sans avoir les soubressauts du tennis, par exemple.

Admettons-le, tous les sports sont bons à la condition d'être modérés ; là, plus qu'ailleurs, il est sage d'aimer, de pratiquer le juste milieu ; la marche elle-même si excellente qu'elle soit serait funeste si elle était forcée.

En passant, observons toutefois qu'il n'y a rien de plus laid que la démarche garçonnière, les attitudes quasi-masculines, qui sont l'écueil visible de certains sports.

Des gens (disons arriérés), confondant l'abus avec l'usage, interdisent les sports à leurs filles, à leurs femmes : ceci est la condamnation de celles qui veulent « singer » les hommes ; au fond, l'enfourchement d'une bicyclette, les contorsions frénétiques et réitérées du tennis ; les violentes tractions du canotage n'ont rien de très esthétiques pour une femme et, quant à sa santé, la Faculté, consultée, fait de nombreuses réserves.

Pourtant, tout cela est utile, indispensable, disent les Féministes, pour suivre nos frères et nos maris ; d'accord, mais, comme il y aura toujours beaucoup d'endroits où nous ne les suivrons quand même pas, alors ?

Restons de vraies femmes, ils ne s'en plaindront pas, nous non plus.

Craignons la manie des régimes
et des soins excessifs.

Avoir une bonne santé est un bien inappréciable.

S'occuper, sans cesse, de ses misères, de ses indispositions physiques est ennuyeux au possible.

Il y a beaucoup de femmes qui ne craignent rien tant que la maladie ; elles exagèrent et s'astreignent à l'hygiène la plus déplorable afin de s'éviter telle ou telle infirmité.

Sous prétexte de dilatation ou d'embarras d'estomac, elles s'imposent des régimes ou-

tranciers pour maigrir ou engraisser, avec
rapidité, en quelques semaines ; leurs pauvres
corps surmenés, appauvris ou gavés suivent
avec peine les hauts et les bas de leurs fantai-
sies médicales ; demain du lait, après-demain
un affreux bouillon de microbes... tantôt elles
marchent comme des coureurs de profession ;
peu après, elles restent au lit pendant des
mois... un moment tous leurs soins tendent à
combattre l'appendicite, dans quelque temps,
leurs poitrines se trouveront menacées... la
neurasthénie les guette... les congestions
peuvent les emporter, paraît-il... Comme il
faut se défendre, a-t-on vraiment le temps
de penser à autre chose qu'à ces terribles
ennemis ?

Ces femmes, qui n'ont, soi-disant, que le
souffle, mettent leurs frêles santés à de rudes
épreuves, et sous prétexte de se fortifier et de
se défendre elles usent leurs pauvres machines le double de celles qui vivent en dehors des
systèmes, des régimes et des drogues.

Manger raisonnablement, ni trop, ni trop peu, des choses raisonnables, saines et variées ; marcher en plein air tous les jours ; ne pas excéder les forces de son corps et de son cerveau ; rien ne prévaut contre ce bon système ; de temps en temps, la diète absolue d'un jour avec un bon lavage de boissons chaudes, cela entretient une santé normale, avec des indispositions certes, sur lesquelles il est nécessaire de ne pas attarder sa pensée et sa vie.

Quant aux maladies réelles, les médecins sont là pour les guérir : adressons-nous à ceux qui savent ne pas les entretenir et nous en débarrasser, voilà tout.

Le meilleur médecin, c'est l'hygiène ; étudions l'hygiène et craignons les régimes outranciers et les soins excessifs pour nous et pour nos enfants.

HABITUDES MORALES

Ordre et discipline.

Pour n'être pas ennuyeuse pour les autres et à charge à soi-même, il faut être d'une humeur égale ; pour cela il est indispensable de ne pas vivre dans l'agitation ; pour ne pas être agitée, c'est bien simple, il suffit de se plier à des habitudes sages et réglées.

Afin de ne rien gâcher de sa vie, il est utile de l'ordonner suivant ses besoins et ses devoirs, s'en tenant strictement à son programme ; le joug d'une discipline donne seul le calme au cerveau, la tranquillité à la conscience, le temps de tout faire ce qu'on doit.

L'ancienne excellente formule « Une place pour chaque chose, chaque chose à sa place », résume dans l'ordre moral aussi bien que dans l'ordre matériel ce qu'il importe de faire de sa vie.

Mettons un ordre rigoureux dans nos idées, nos actions, nos distractions elles-mêmes ; soumettons notre direction de vie, notre esprit, notre cœur à une discipline réfléchie, la mieux appropriée à notre nature.

Craignons par-dessus tout l'agitation dans le vide, dans le désordre d'une existence décousue, abandonnée au caprice impromptu déprimant, à la fantaisie immodérée sûre meurtrière de toute action utile.

Nous aurons toujours le temps d'accomplir tout ce que nous voulons ; il suffit de le mesurer et d'en partager les heures d'une façon plus encore judicieuse que méthodique.

Sachons d'une claire vue ce que nous voulons faire, comment nous le pouvons et puis, sur cette donnée exacte, ordonnons notre vie sans parcimonie, sans routine, mais sans laisser une trop large part à l'imprévu, au hasard qui sont les agents du désordre par excellence.

A quoi sert la patience.

La patience sert à nous rendre supportable et même facile toute l'amertume de la vie; de plus, elle nous fait donner aux autres un bien très rare, inestimable, presque inconnu dans la vie en commun : la paix.

Seulement la patience ne doit pas être confondue avec la mollesse et l'inertie : elle est moins sainte que la douceur, plus grande que l'indifférence; elle a pour auxiliaire le silence qui a presque autant de nuances qu'il y a d'étoiles au ciel.

Être patient, c'est vouloir ignorer la colère et l'emportement ; c'est posséder son âme et sa langue ; ne connaître jamais l'oubli d'un geste brusque, d'une parole trop vive, regrettable.

Pratiquer la patience, c'est savoir, jusqu'au fond, pourquoi il faut plaindre, aimer les êtres humains, les mépriser aussi un peu; c'est cultiver en soi, avec un légitime orgueil, l'essence divine, s'éloigner jusqu'aux limites possibles de la matérialité.

Se rendre patient à force de volonté, c'est devenir son propre maître et celui des autres; c'est n'être presque plus soumis aux événements ; c'est ne perdre jamais ni son sang-froid, ni sa dignité, ni son utilité.

La colère ne prouve rien, ne convainc personne; elle trouble le jugement, fausse la logique ; elle a toujours tort même quand elle a raison.

La patience est la seule possession enviable de soi-même et des autres; elle s'acquiert dans les petites et dans les grandes choses.

Commençons-en l'usage dans les petites occasions journalières : l'habitude prise, les grandes sembleront aisées ; car, rien ne devient davantage une habitude facile que la patience ; il suffit de s'y entraîner avec constance et bon vouloir.

Ne pas chercher loin son devoir.

Il est fréquent de méconnaître son devoir immédiat et d'encombrer sa vie, son cerveau et sa conscience de ce que nous nommerons « les faux devoirs ».

Ceux-là on se les donne ; les vrais nous sont imposés par les obligations de l'existence journalière que nous avons à vivre.

Par malheur, chacune de nous se croit, trop souvent, apte à faire précisément ce qu'elle n'a pas à faire ; nous voulons autre chose que les mesquins devoirs qui nous incombent et qui nous paraissent insuffisants

pour notre activité, sans relief, presque sans
utilité.

Telle personne se croit, de bonne foi, créée
pour les grands dévouements, l'héroïsme au
chevet des malades, la responsabilité d'en-
seigner, l'austère mission de diriger les âmes.

Celle-là se sent appelée, au delà des vulgari-
tés de la vie courante; elle vous dira qu'elle est
nécessaire à la foule et non à quelques-uns !
Les soins journaliers matériels circonscrits lui
seraient dévolus ? à elle? qui est tout cœur,
tout idéal, toute flamme? Quel meurtre! quelle
hérésie !

Pauvres femmes qui se forgent, de toutes
pièces, des vies factices qu'elles voudraient
arranger à leur fantaisie variable, et qui oublient de vivre, en perfection, celles qui leur
sont tracées avec netteté, sans possibilité
d'erreur, comme elles peuvent s'en convain-
cre en y réfléchissant, avec loyauté.

Et c'est pourquoi le mariage est l'état normal, nécessaire, désirable de la femme ; dans

cet état-là, qui peut être si heureux, tous les devoirs sont définis, délimités, compréhensibles et dans une hiérarchie qui met tout en lumière et en ordre dans une vie, avec l'impossibilité de s'y tromper.

Le mari, les enfants, les parents, les relations ; inutile d'inventer, tout est tracé d'avance ; pas d'inquiétude de conscience à souffrir ; aucune hésitation dans le choix de ce que l'on doit faire ; tout est limpide.

Heureuse la femme mariée : elle connaît forcément ses vrais devoirs, ceux qui doivent primer les autres et elle peut marcher avec l'inestimable certitude d'accomplir ce qu'elle doit, même si c'est ennuyeux et monotone, même si c'est douloureux et pénible.

L'enfant, la jeune fille, se préparent à la vie, par l'habitude d'accomplir les devoirs que leur impose une discipline dont au moins ils ne sont pas encore responsables.

La vieille fille seule hésite, tergiverse, ne sait réellement quoi faire de ses jours ; elle

flotte des vieux parents aux jeunes neveux ;
des œuvres pieuses aux œuvres philanthro-
piques ; sa vocation est multiple, vague, com-
plexe ; sa conscience en arrive à établir cette
étrange théorie morale que son devoir, c'est
toujours la chose qui l'ennuie le plus ; elle
remplit sa vie de ce qu'elle peut : de dévouements inutiles ou bêtes ; de travaux commen-
cés, inachevés ; de fondations mort-nées, de
passe-temps puérils ; de faux devoirs ; ayant
pour récompense assurée ce que tous lui jettent
à la tête, même ses obligés : « Une vieille fille,
n'ayant à vivre que pour elle, c'est bien le
moins qu'elle s'occupe un peu des autres ! »

Cette soi-disant égoïste qui aura passé affa-
mée de la vie, assoiffée des joies, des peines,
des devoirs qu'elle n'aura jamais connus, et
qu'elle aura sans doute tant souhaités, n'aura
que de bien minces consolations et ne remplira
très bien qu'une fonction « celle de faire des
ingrats ».

Les nerfs.

Jadis les femmes avaient des vapeurs ; c'était chose imprécise, vague, nostalgique, mignardement malsaine ; aujourd'hui elles ont leurs nerfs ; ceci est sec, précis, matériel, brutalement physique : en résumé, c'est la même chose, et, de tous temps, les femmes sont les mêmes.

Hier plus poétiques et précieuses, aujourd'hui plus franches et plus savantes mais toujours l'éternel féminin qui dépend tout entier de ses sensations, de ses sentiments et dont le corps fragile et douloureux vibre, se fortifie, dépérit, se surexcite ou meurt pour une idée souvent très peu définie.

Qui peut dire, exactement, ce que c'est qu'une femme nerveuse ?

Cet être qui souffre et jouit à la fois d'une même chose ; qui ne sait pas tous les jours ce qu'elle aime et qui tous les jours n'aime pas la même chose ; dans un court instant cette femme-là peut-être bonne, aimante, agressive, enthousiaste, dégoûtée, ardente, inerte ; elle est toujours et surtout égoïste, occupée d'elle, de ce qu'elle ressent, de ce qu'elle pourrait ou voudrait ressentir.

Les souffrances des nerfs ne sont pas imaginatives, c'est vrai, mais avec quelle duplicité la nerveuse les exagère, les couve, les amplifie et, disons-le carrément, les observe avec un curieux intérêt ; elle les aime presque d'un amour honteux et détourné, mais très réel.

Pour une femme, « avoir ses nerfs » est d'abord une commodité, un échappatoire, une excuse vis-à-vis d'elle-même ; puis son système nerveux est si fragile, qu'à force d'en avoir joué, en très peu de temps, elle n'en est plus maîtresse ; alors elle s'affole du déclanchement intime qu'elle ressent, de la surexcitation électrique de son cerveau et de sa volonté ; les nerfs devenus les maîtres ont une nouvelle esclave, jusqu'au jour, toujours possible, où elle voudra guérir ; car elle le pourra quand elle le voudra ; mais il faut le vouloir et pour cela faire une gymnastique de volonté incessante, pénible, souvent bizarre, mais qui doit réussir,

Les doléances rétrospectives.

N'est-il pas fréquent, ce type que nous con-
naissons tous, que nous avons tout près, que
nous sommes peut-être nous-mêmes, ce type
de femme, de jeune fille, de vieille femme,
éternelle larmoyante qui, chaque jour, à chaque
événement, reprend les lamentations des an-
ciennes douleurs, des peines disparues, des
incidents d'autrefois et qui couvre, à plaisir,
par sa triste et impitoyable mémoire, chaque
jour présent du sombre voile d'amertume et
d'ennui des jours écoulés ?

Cassandre à rebours, ce pénible mémorandum féminin ne prévoit pas, il se souvient; et ses souvenirs sont plus que suffisants pour glacer les cœurs et les bonnes volontés.

Pourtant, ce qui est passé est passé ; ce qui viendra ne viendra peut-être jamais pour nous; donc, ne nous agitons pas dans le vide ; rangeons notre cerveau, comme nos armoires : mettons dans le fond, au repos, ce qui ne sert plus, ce qui ne resservira que problématiquement dans l'imprévu futur ou même jamais.

Étrange conception de la vie que de vouloir la revivre à tout instant dans ses mauvais côtés, que de vouloir en remâcher l'amertume, comme s'il ne suffisait pas, amplement, d'avoir laissé un lambeau de soi une fois et qu'il faille sans cesse se déchirer aux mêmes ronces.

Au moins, allons de l'avant vers d'autres blessures, mais ne perdons pas notre temps et notre courage à recompter nos vieilles cicatrices, plus ou moins sensibles.

Éternelles geigneuses, avez-vous peur qu'on ne sache pas assez que la vie est lourde ?

N'est-ce pas une déplorable préparation au combat obligé de demain que de nous faire souvenir que nous avons été vaincues hier ?

A quoi bon flétrir nos espérances ? pourquoi détruire nos illusions ?

C'est être un peu heureux déjà que de croire avec espoir qu'on le sera ; quelle cruauté inutile de nous faire souvenir qu'on ne l'a pas encore été !

Enfouissons nos peines, tout au fond de nos cœurs, elles prendront racines dans nos âmes, pour pousser des fleurs vivaces au chaud soleil de l'espérance courageuse en des moments meilleurs ; pourquoi donc les faire péniblement pourrir sous d'éternelles larmes ?

La logique.

Avez-vous, quelquefois, discuté une question sérieuse, la touchant de près, avec une femme, même intelligente ? Si oui, vous connaissez sa façon habituelle d'exprimer son opinion :

« Enfin ! » conclut-elle victorieusement après un assez piètre étalage de mauvaises raisons ; « enfin, c'est ma façon de voir ! »

— Certes, mais, est-ce la bonne ?

— « Ce doit être, car je sens la chose comme cela et pas autrement. »

— « Cependant une sensation n'est peut-être pas une preuve de logique ! »

— « Si fait, car la logique pour moi, c'est ce qui tombe sous le sens ! »

Et voilà le summum de son raisonnement : La logique, c'est ce qui tombe sous le sens ; ce qui tombe sous le sens est la logique ; ni plus, ni moins ; vous ne la ferez pas sortir de là.

Sa logique, c'est le sentiment, ou mieux, la sensation plus ou moins éclairée qu'elle a de toute chose.

Quant à la logique, strict et sévère enchaînement des effets et des causes, lumineux tableau des pourquoi, et des parce que, il est inutile d'en parler ; la pensée féminine ne s'y arrête jamais de son plein gré ; jamais une conduite féminine ne s'y soumet entièrement.

Une bonne petite logique, de tout repos, arrangée, diminuée, méconnaissable, à la bonne heure, mais, la logique, quelle horreur !

Raisonnons pourtant, un moment.

Nous n'avons pas à nous occuper ici de la « Logique pure », science des formes de la

pensée humaine, mais de la « Logique appli-
quée », art de penser et de diriger son esprit
dans la recherche du vrai ; nous n'avons pas
à nous perdre, chétifs cerveaux, dans les mys-
tères des méthodes, des procédés d'induction,
de déduction ; nous n'avons pas à séparer
comme les philosophes la Psychologie, science
de l'âme, de la Logique, art de penser ; nous
n'avons pas à nous perdre profondément dans
les méthodes « d'observation », « d'expérimen-
tation », « de critique », de classification », etc.

Il nous suffit, c'est très simple, plus à notre
portée, d'avoir le goût et le besoin de l'ordre
et de la précision.

Habituons-nous à prendre toutes questions,
toutes pensées, à les analyser, les voyant sous
toutes leurs faces, les creusant avec exactitude
jusqu'à ce que nous les possédions à fond.

Forçons-nous au raisonnement méthodique,
l'opération la plus difficile au cerveau d'une
femme, si réfractaire à toute science com-
plexe et mathématique.

La crainte du ridicule.

Qu'est-ce, au juste, que la crainte du ridicule, sinon la crainte de l'opinion de surface des autres, car, au fond, à moins que ce ne soit au sujet d'un ridicule trop intense, trop grotesque et trop physique, rien n'est plus changeant que l'opinion primesautière du public.

Telle qui a la crânerie de la braver avec courage pour un mobile tant soit peu à panache, est étonnée du brusque revirement qu'elle obtient en sa faveur, de ceux-là même qui riaient au premier abord.

Quand, dans sa conscience, on a jugé qu'un acte était bon et faisable, que doit peser l'opinion défavorable d'autrui ?... Rien.

Le premier pas est fait dans la voie du respect humain si on recule : cette voie qui est fermée à tout élan, à tout sacrifice joyeux de soi, de son amour-propre, de sa dignité extérieure.

En réalité, que peuvent nous faire des regards moqueurs, des traits d'esprit plus ou moins méchants ? S'en porte-t-on plus mal après les avoir essuyés ? Qui fait montre de la meilleure humanité : les railleurs ou les raillés ?

Laissons rire les moqueurs à nos dépens ; le ridicule n'a jamais tué ni diminué personne, et, qui sait le braver, pour une bonne cause, a toujours fait un pas enviable dans le chemin de la bravoure la plus difficile, chemin que ne peuvent suivre ni les vaniteux ni les imbéciles : c'est déjà bien agréable d'être sûr de ne pas rencontrer semblable société, n'est-il pas vrai ?

L'outrance dégoûte.

Portons avec modestie nos qualités (et même nos défauts) ; méfions-nous des exemples trop appuyés que nous pourrions donner.

L'enfant d'une femme franche ne sera pas menteur sans doute, à moins que la franchise de cette mère ne soit brutale et intempestive ; alors, pour éviter cet excès de véracité qui lui répugne, il en prendra le contre-pied ; il mentira par dégoût de trop de vérité.

L'histoire antique de l'esclave ivre est applicable à tout : à l'exagération des vertus aussi bien qu'à l'horreur des vices.

En général, l'être humain, qui est si extrême dans ses actes, au fond du cœur n'apprécie guère que le juste milieu ; en pensant plus souvent à cette vérité-là, on pourrait beaucoup s'en servir dans l'éducation.

Les résolutions exagérées.

Ne nous engageons pas plus loin que nous
ne pouvons aller.

Les changements, quels qu'ils soient, ne
sont durables que s'ils se font peu à peu : on
ne bâtit ni ne démolit quoi que ce soit d'un
seul coup; et le temps, qui est le grand maître,
est aussi, est surtout le puissant auxiliaire
des volontés et des désirs humains.

Quelles que soient les résolutions que nous
prenons, consultons nos forces et soyons très
modestes dans nos affirmations ; nous sommes
si fragiles et si chancelantes dans l'action,

que nous avons le devoir d'être prudentes et circonspectes dans nos décisions, nos réformes et nos projets.

Entreprenons peu de choses à la fois, dans la mesure de nos capacités et de notre énergie, et finissons toujours ; accomplissons les choses les plus insignifiantes, jusqu'au bout, avant d'en commencer d'autres plus difficiles ou plus compliquées.

Les résolutions ne sont intéressantes qu'autant qu'elles sont tenues et jamais on ne tient celles qui sont exagérées, car elles nous surpassent de tout ce qui manque à notre mesure morale pour les accomplir.

Prenons des résolutions modestes, nous les tiendrons ; cela nous encouragera, nous donnera confiance en nous-mêmes plus que des résolutions à grands fracas qui sont par cela seul frappées d'une irrémédiable mortalité ; faisons comme les bons marcheurs qui mesurent leurs étapes à leurs forces croissantes.

L'esprit dans la médisance.

Si nous voulons être utiles et aimées ne soyons pas trop spirituelles.

« En courant après l'esprit on trouve la sottise », prétend un sage dicton ; avec encore plus de certitude on trouve la méchanceté. Comme l'esprit s'exerce presque toujours aux dépens des autres, une médisante spirituelle est toujours une méchante femme ; ses mots blessent d'une façon infaillible, car ils sont à très longue portée, ils sont drôles, ils amusent, ils sont répétés.

Étrange aberration ! Une femme sensible

ne saurait donner un coup qui blesserait physiquement et bien des fois, dans un même jour,
en riant, faisant parade du clinquant, de son
esprit, elle trouvera et dira de ces fameux
bons mots à l'emporte-pièce, de ces fines et
cruelles allusions, de ces pointes à double
sens, à double compréhension qui font des
plaies profondes, douloureuses, envenimées
au cœur d'une autre femme, peut-être pour
la vie.

Prenons bien garde: le jour où cela nous
amuse, la première fois que nous trouvons et
lançons un trait brillant et méchant contre une
réputation, nous entrons dans la voie où l'on
perd toute bonté, tout charme, tout espoir de
plaire.

Il y a bien peu de plaisanteries inoffensives
sur les personnes.

L'esprit est une arme dangereuse qui demande à être maniée avec beaucoup de cœur;
il est prudent de ne pas prendre les autres
pour point de mire.

Restons dans les généralités, ou mieux, contentons-nous d'être intelligentes le plus possible, et laissons les pointes médisantes à celles qui ne reculent pas devant ce triste résultat, « faire de la peine pour un stupide et problématique plaisir de vanité ».

L'équilibre.

Pour nous qui sommes périssables, la continuité régulière, même un peu monotone d'une chose, a le charme prenant d'un bien rare et désiré.

C'est pourquoi nos boutades fantaisistes, un jour dans le noir, demain dans le bleu, nos brusques sautes d'humeurs sombres ou folles, nos foucades de vertu exagérée ou de vice simulé, sont pénibles à tous et à nous-mêmes.

Qu'est-ce donc que ce déclanchement soudain si brutal qui fait osciller les femmes, à perpétuité, entre une façon d'être ou une autre diamétralement opposée ? C'est le simple manque d'équilibre entre les forces qui les dirigent et celles qui les sollicitent.

Toutes les femmes, plus ou moins, ont des notions assez précises sur le bien et sur le mal ; toutes savent discerner assez vite le bon et le mauvais côté des choses ; bien peu ont des convictions profondes, arrêtées, réfléchies ; bien peu sont décidées, d'une décision unique et prise à jamais, à être comme ceci ou comme cela dans tous les actes de leurs vies, dans les profondeurs les plus intimes de leurs cerveaux et de leurs consciences.

Lesquelles d'entre elles peuvent affirmer, d'une affirmation non démentie tout aussitôt, qu'elles sont fermement établies dans une voie, d'où rien ne les fera sortir ?

Lesquelles ont assez l'exacte mesure de leur cœur, de leur cerveau, pour être certaines de maintenir le parfait équilibre entre l'un et l'autre ?

Lesquelles sont à toute heure maîtresses

d'elles-mêmes, tenant inflexibles et sereines leurs âmes entre leurs mains ?

Hélas ! nous ne vivons pas : nous flottons en proie à tous les hasards de la route et des forces contraires ; nous passons notre temps à vouloir monter au sommet pour redescendre trop vite et nous faisons de telles volte-faces que nous en oublions notre direction primitive.

Nous chantons notre vie, ou trop haut ou trop bas, jamais sur le ton juste.

Nous subissons, en dociles girouettes, toutes les impulsions de tous les vents contraires et nous indiquons, à chaque heure nouvelle, une différente orientation.

Si dans notre jeunesse nous n'apprenons pas à vivre en équilibre, nous aurons une vieillesse odieuse.

L'habitude d'une vie équilibrée où tout d'un être est à sa place ne peut pas logiquement se prendre en un seul jour ; il faut la graduation et l'usage fréquent pour trouver le rythme.

C'est une étude difficile que de mettre au

point « notre balancier intérieur » ; qu'il ne soit ni trop long, ni trop court, ni trop vif ni trop lent ; des années de soins et de réglage sont nécessaires, indispensables pour y arriver ; il s'endort ou s'affole si vite.

Choisir une place modeste.

Ce n'est ni juste ni bon de vouloir prendre une place prépondérante dans le milieu où l'on est ; diriger, commander, régir est un devoir difficile, pour mieux dire un composé de pénibles devoirs qu'il faut accepter avec courage, quand il nous incombe réellement, mais se bien garder d'en faire une jouissance ou un orgueil pour soi.

C'est un grand danger d'encombrer les autres d'une personnalité outrancière et absorbante qui sème autour de soi l'agitation, l'ennui, le désir surtout de la voir disparaître.

Chez les couturières, soigneuses et avisées, toutes les étoffes ne sont pas étalées, déployées un peu partout ; au contraire, elles sont bien rangées pour être sorties des armoires, à leur tour de service, quand elles sont nécessaires.

Petite étoffe humaine, restons souvent dans notre coin, modestement pliée en attendant les seuls instants précis où nous devons servir ; ne souhaitons pas être employée à tous les usages ; craignons, seulement, la poussière et les faux plis.

Chacun a son lot.

Un dessin très connu d'un célèbre humoriste représente trois enfants : l'un riche, bien habillé, l'air délicieusement naïf et bêta ; l'autre vêtu de très pauvre façon, le visage tout illuminé d'intelligence ; entre eux le troisième qui les regarde goguenard et philosophe leur disant la légende « Toi t'es bête mais t'es riche ; lui est pauvre mais malin : ça fait chacun votre compte. »

Voilà tout trouvé le moyen simple et facile de n'être jamais envieux ; pensons que chacun a son compte de bon et de mauvais ; que tel être, qui semble privilégié, a sûrement des tares ou des douleurs secrètes, car il n'y a pas d'être humain parfaitement heureux toute sa vie.

Contentons-nous de ce que nous avons, sachons tirer de notre lot le meilleur parti et le plus d'agrément possible.

En tout cas, ayons la philosophie de nous dire qu'il n'est souvent ni meilleur, ni pire, que celui du voisin et que loin d'envier, il faut craindre même de désirer trop âprement les choses : savons-nous ce qui nous convient ? qui n'a gémi, au moins une fois, de voir trop bien exaucé un vœu qu'on croyait raisonnable et qui était imprudent ?

Tâchons de porter notre sort avec vaillance, il nous paraîtra d'abord moins lourd par le fait seul de notre acceptation, et puis il est le nôtre ; donc, notre révolte n'y changera rien, au contraire.

N'envisageons pas avec envie ce qui est dévolu aux autres ; c'est le moyen le plus certain d'empoisonner sa vie, de rendre méchants son cœur et son cerveau, d'être hargneuse, crainte, détestée, malheureuse par sa faute et pour une mauvaise chimère qui torture, qu'on poursuit et qu'on n'atteint jamais.

L'envieuse ne jouit de rien, pas même de ce qu'elle a.

Vivre sa vie dans une saine philosophie exempte de désirs, quelle force, quelle sûre garantie de bonheur !

Les conseils.

Rien n'est plus facile que de donner un conseil médiocre ou inutile.

Un bon conseil pratique et sain ne peut être donné que par une personne qui se met honnêtement « dans la peau, » de qui lui demande l'appui et l'assistance d'un avis.

Si l'on n'a pas beaucoup vécu, souffert, hésité, lutté soi-même, inutile de chercher à conseiller avec efficacité qui que ce soit : qui ne sait pas, n'a rien à dire.

Pour qu'un conseil ait une utilité applicable, il faut que le conseiller aide aussi à l'appliquer:

les discours les plus sensés ne servent pas à
grand'chose, un coup d'épaule servira toujours
plus qu'un coup de langue, seulement c'est
plus fatigant.

Les femmes aiment à demander des conseils
qu'elles sont bien décidées à ne pas suivre ;
elles détestent en donner qu'on ne suit pas.

Qui veut conseiller des femmes avec utilité
peut faire provision d'une patience infinie, car
elles n'écoutent guère, ne comprennent pas davantage, veulent toujours en faire à leur tête
et ne vous imputent jamais que l'insuccès
quand il est là.

Interrogeons les hommes qui par leurs pro-
fessions sont à même de donner des conseils
aux femmes, ils seront d'une touchante unani-
mité pour déclarer qu'il n'y a pas de pire mé-
tier, qu'il faut chaque fois recommencer sans
succès des explications équivalentes et que
personne, mieux qu'une femme, ne les écoute
que pour s'en moquer ensuite, parfois sur
le champ, le plus délibérément du monde.

Quand on conseille il est bon de peu parler, de donner deux ou trois raisons péremptoires et claires, d'y revenir avec une patiente insistance et s'en tenir là, sans autre discours.

Quand on demande un conseil il importe : 1° de vouloir le suivre ; 2° de le comprendre ; 3° de s'en bien faire expliquer l'application pratique ; 4° d'y puiser assez d'expérience et de réflexion pour s'habituer à s'en passer.

La régularité.

Que nous le voulions ou non, c'est la régularité dans les actes de la vie qui nous conserve intacte de cerveau même dans la vieillesse et qui nous permet d'avoir une existence bien remplie jusqu'à la fin.

Beaucoup de femmes confondent la régularité avec la monotonie ; on suppose qu'une vie régulière est par cela même affreusement « bourgeoise » et que l'ennui guette sans rémission la personne ponctuelle et ordonnée.

Observons cependant, sans parti pris, autour

de nous : les femmes qui s'ennuient le plus sont celles qui vivent dans le décousu et l'imprévu fantaisistes.

Il y a de vraies, de grandes artistes qui observent une scrupuleuse régularité ; en revanche, elles sont nombreuses les délicates petites bourgeoises inutiles qui ne savent rien faire avec ordre, pas même leurs visites.

Si dans notre enfance (où nous vivons en général avec une certaine régularité) nous apprenions à bien apprécier cette façon d'agir au lieu d'en gémir sans comprendre, nous pourrions en faire plus tard l'application à nos jours, à nos occupations et nous ne perdrions plus des heures si précieuses qui se passent souvent à chercher ce à quoi on pourrait les employer.

Ne laissons que le moins possible de nos vies au hasard ; il est plus souvent notre maître que notre serviteur ; en tout cas il est bon de se méfier de lui, car, il n'est jamais un auxiliaire très sûr, et, la régularité de nos actes, établie sur l'ensemble de nos devoirs et de nos besoins, nous donnera des résultats autrement bons et satisfaisants.

Les journées sont assez longues quand on sait en occuper les heures avec méthode, esprit de suite et intelligence.

C'est un rare talent que celui d'occuper sa vie, à tout instant, sans en encombrer les autres ; c'est la rendre intéressante ; c'est sentir qu'on en fait quelque chose et qu'elle vaut vraiment la peine d'être vécue.

L'activité est sœur jumelle de la régularité ; elles ne peuvent se passer l'une de l'autre ; qui veut beaucoup et bien produire doit ordonner sa production : cela tombe sous le sens et l'application en est trop facile pour être démontrée.

mpossible d'être vraie avec soi-même.

En tant de circonstances diverses, dans le monde, dans son intérieur, par charité, par nécessité, on ment à trop de gens ; l'habitude funeste est prise et l'on se ment à soi-même, comme aux autres.

Toutes les conventions et les relations mondaines sont bâties sur le mensonge.

Presque toutes les obligations de famille comportent la dissimulation.

Dissimuler, parler contre sa pensée, amplifier ou diminuer ce que l'on ressent, dérouter la curiosité la plus légitime, voiler ses désirs, cacher ses idées, c'est la tactique féminine habituelle.

Pourquoi tant de duplicité ? Quelle triste infériorité morale se demande-t-on ?

En réalité, après étude, on trouve que les femmes sont peu sincères surtout par la force des choses, par faiblesse, par l'absence de coordination entre ce qu'elles disent et ce qu'elles pensent, parce qu'elles ne débrouillent en pleine netteté ni les mobiles de leurs actes, ni les sentiments de leurs cœurs et qu'elles ne savent pas « clarifier » leurs idées non seulement pour les autres mais encore vis-à-vis d'elles-mêmes.

Nous ne savons pas nous examiner, scruter avec impartialité le pour et le contre de nos actes ; nous sommes incapables de supporter sur nous-mêmes l'âpre clarté de la vérité sans phrases dans l'absence de toute circonlocution, de toute ambiguïté.

Beaucoup de nous n'aiment pas le mensonge ; toutes nous le pratiquons ! D'où vient cette anomalie dont nous souffrons ? De tout et de rien : des coutumes, des préjugés, des entraves trop grandes, des exigences de tout ce qui nous entoure.

Nous ne voulons pas être franches et rudes avec nous-mêmes parce que nous savons que le résultat ne sera pas notre correction ou notre changement mais un dégoût de tout, une telle crainte, un tel effroi d'avoir tout à bouleverser en nous et hors de nous que nous préférons rester dans la demi-teinte du demi-mensonge où tout alors nous paraît presque normal.

Nous n'avons aucune franchise avec nous-mêmes que par boutades, nous n'en avons pas davantage avec les autres et nous en arrivons à ce comble d'arranger, même nos remords.

Pour les relations mondaines, il suffirait, sans doute, d'un peu d'entente pour supprimer beaucoup de choses mensongères dans nos rapports.

On pourrait essayer d'abord cette réforme... celle de ne plus se tromper soi-même en serait

rendue plus facile ; à force de dire une vérité
« approximative » autour de nous, qui sait si
nous ne prendrions pas la saine habitude d'être
vraies avec nous-mêmes ! l'essai serait intéressant. Qui en prendra jamais l'initiative ?

Le courage.

Notre courage féminin n'a rien de commun avec celui des hommes ; il est pour ainsi dire intérieur et ses démonstrations visibles en sont si pleines de retenue et de simplicité qu'il peut passer inaperçu de tous, en beaucoup de circonstances diverses.

Nous ne sommes pas destinées à défendre le foyer et le pays les armes meurtrières en main ; mais c'est sur nous que l'on compte quand il s'agit de maladies contagieuses, de soins répugnants à donner ; c'est notre place exclusive d'être où l'on souffre, où l'on crie et

gémit ; nous devons voir couler le sang avec
tranquillité et ne pas défaillir devant les plaies
les plus hideuses.

Sujettes aux maux les plus atroces et les
plus fréquents, nous devons les dissimuler,
les soigner, dans le secret, en souriant presque,
pour ne pas ennuyer les hommes qui ne sont
pas très aptes à éprouver une longue pitié
efficace et dévouée.

Nous portons avec une crâne vaillance une
somme journalière de maux incessants devant
laquelle faiblirait un homme, fût-il très cou-
rageux d'autre part.

Savoir souffrir, savoir soulager ceux qui
souffrent, tout notre courage est là ; il peut être
grand.

L'héroïsme des hommes est glorieux et
intermittent ; le nôtre est de tous les instants
et s'exerce dans l'ombre ; il nous faut moins
de nerfs mais plus de valeur morale.

Ne cherchons pas à rivaliser avec les héros,
les athlètes, les hommes de sports, nous

ne saurions les égaler, même de fort loin.

Soyons des femmes courageuses dans toute la belle acception du mot : cela comporte un héroïsme d'une singulière valeur qui n'a pas l'encouragement du panache et de l'excitation guerrière mais qui n'en a que plus de mérite intrinsèque.

Patte de velours.

Nous sommes les propres victimes de nos fausses vertus.

La femme qui feint une résignation truquée, une douceur d'artifice, devant les faits ennuyeux de la vie est souvent très surprise, elle-même, de la somme de violence et d'impatience se traduisant en explosions subites que lui procure une aggravation de souci ou tel événement trop inattendu de ses nerfs.

A quoi bon nous parer de qualités que nous n'avons pas ; corrigeons-nous de notre mieux de nos défauts ; habituons-nous peu à peu à l'exercice des vertus qui nous manquent, mais que ce soit fait modestement dans une ombre craintive et ne faisons pas une montre ostensible, de nos mérites de fraîche date et d'acquisition récente.

Les vertus morales sont des bibelots très fragiles qui se brisent vite quand on veut s'en servir avec trop de parade ; craignons de poser pour des « fanfaronnes de vertus », c'est aussi dangereux que pour les vices, plus peut-être, car on est en droit de nous moins pardonner de mentir d'une façon aussi lamentable à une étiquette si orgueilleusement proclamée.

Diversité des poids et des mesures.

Ce n'est pas aimer qui est difficile pour une femme : la difficulté pour elle, c'est de juger sainement ce qu'elle aime.

Il n'est pas impossible à une femme de haïr : l'impossible, pour elle c'est de reconnaître avec loyauté les mérites de ce qu'elle hait.

La femme se montre, avant tout, entière et partiale ; c'est ce qui fait son charme, son danger et son infériorité.

Elle ne veut pas juger ce qu'elle aime ; c'est une désastreuse tendance qui peut lui coûter fort cher en bien des circonstances, mais enfin... libre à elle.

Seulement elle ne veut pas non plus qu'on juge ce qu'elle aime : ici éclate trop sa partialité et ses torts.

Certes, ni les unes ni les autres nous ne pouvons nous astreindre à cette désenchantante besogne d'examen minutieux, scrutateur, dépourvu d'indulgence de ce que nous aimons ; ce serait trop contraire à l'aveuglement qui est la principale tendance du cœur de la femme et de son cerveau dès qu'elle s'attache à un être ou à une chose.

Mais il serait bon et juste de mettre, tout de même, un peu de mesure dans cet aveuglement : ce serait très suffisant qu'il fût simplement partiel et cela permettrait, en bien des cas, à la femme de trouver le bonheur en introduisant dans le délicat problème qui doit lui procurer le moins possible « d'inconnues et d'erreurs ».

Nous détestons ceux qui veulent nous faire

voir les vérités, les torts, les tromperies, les
défauts de ceux que nous aimons ; nous ré-
pondrions volontiers, travestissant à notre
usage la réponse célèbre : « Et s'il me plaît à
moi d'être trompée ? »

La vérité est que nous ne le sommes presque jamais sans le savoir, sans le pressentir
tout au moins.

Soit par crainte de pire, soit par entêtement
de sentiment, soit parce que d'instinct nous
avons fait la balance à notre usage dans un
être de ce que nous n'aimons guère en lui,
avec ce qui nous plaît tant, soit pour tous ces
motifs réunis et quelques autres, nous voulons
être aveugles et partiales, et nous le sommes.

Nous exigeons que les autres le soient afin
de ne pas porter une ombre ou un point d'in-
terrogation dangereux en face de la vision
agréable que nous voulons nous faire de ce
qui nous plaît.

Que ceux qui désirent, quand même, nous
dire la vérité se consolent : toutes leurs cri-

tiques, que nous repoussons semble-t-il, avec,
tant de dédain, restent gravées sournoise-
ment au fond de nos cervelles pour en sortir
victorieuses au jour où, lassées de ce que nous
aimons, nous voulons bien enfin nous en faire
les juges.

La partialité d'indulgence des femmes dure
juste le même temps que leur partialité de
haine : elles ont souvent des sentiments plus
ardents que tenaces dans l'un et l'autre cas.

Quand elles jugent sainement et sans parti
pris un homme ou une chose, c'est qu'ils lui
sont indifférents ; elles veulent bien les voir
comme ils sont avec justesse et justice, cela
n'a pour elle aucune importance, puisqu'elles
n'ont pas à prendre parti.

Il serait plus intelligent, plus adroit et plus
honnête d'en agir autrement.

Avoir une volonté.

Chacune de nous a son caractère, quelques-unes seules ont « du caractère ».

Bien peu s'occupent de faire l'éducation de leur volonté, aussi n'en ont-elles pas.

Pourtant c'est par la seule volonté que nous somme maîtresses de nous-mêmes et c'est la volonté qui fait notre valeur et notre liberté.

Dès qu'un être humain sait qu'il peut et dès qu'il a conscience de son action, il a, tout aussitôt, le devoir et le droit d'y donner son consentement et de l'accomplir.

Du moment que nous vivons nous faisons

des « actes d'activité », c'est-à-dire des actions plus ou moins spontanées.

C'est déjà quelque chose : ce n'est pourtant rien à côté de ce qui nous reste à faire.

Nous agissons, voilà un point ; il nous reste encore à former notre volonté (c'est-à-dire l'énergie intelligente et raisonnée avec laquelle nous nous portons vers un but défini) et à sans cesse accomplir des actes de volonté (c'est-à-dire des actions réfléchies, consenties, voulues).

Une fois donné cet exposé, cherchons les femmes qui ont une réelle volonté : elles sont très peu nombreuses, mais il faut dire à leur décharge que tout dans leur éducation et leur vie est mis en œuvre pour n'en développer en elles que le moins possible.

Sans chercher à se perdre dans les subtilités du moi et du non-moi, des volitions directes ou réflexes, rien n'est plus facile cependant que de concevoir cette théorie que la volonté est l'activité éclairée par l'intelligence de son effort et de son but ; qu'elle est une grande force qui, par cela seul qu'elle est, qu'elle se connaît dépend d'elle-même et de sa seule direction réfléchie.

Ceci bien posé dans un esprit, si féminin qu'il soit, comment pourra-t-il ne pas comprendre l'entière nécessité, l'irrésistible puissance de la volonté ; de cette conviction découlera tout naturellement le désir solide et actif d'acquérir un semblable moyen d'action qui fait de nous un être libre, quelles que soient nos entraves, et qui nous donne la puissance sur des êtres même aussi intelligents que nous mais d'une volonté moins énergique : le pouvoir sur les autres est en proportion de la force et de la constance de la volonté.

Nous parlons de ce pouvoir pour flatter l'ordinaire esprit de domination des femmes, car elles ne l'exercent jamais très profondément ou surtout par des moyens répugnants, parce qu'elles n'ont pas « la volonté qui crée les maîtres ».

Toute jeune on peut et l'on doit s'habituer à

vouloir, que ce soit dans un jeu, une étude, dans
le désir d'acquérir une qualité, de corriger un
défaut...

Tout prête à l'exercice de la volonté, il n'y a
pas d'âge où l'on ne puisse s'en former une.

La volonté, c'est le sel de la vie et des êtres.

On n'est fort que par elle ; jusqu'au dernier
de nos jours elle nous sert, elle nous soutient ;
avec elle nous ne sommes jamais sans appui ;
elle donne de l'intérêt aux choses les plus
insignifiantes et crée autour d'elle cette atmos-
phère de force et de chaleur ambiantes qui
font d'un être humain un foyer de réconfort
pour tous.

A moins d'être d'une intelligence très au-
dessous de la moyenne, quand on a bien compris ce que c'est que la volonté (une énergie
intelligente) on peut toujours s'en former une ;
l'exercice pour l'acquérir la fortifie, l'augmente,
l'amplifie de chaque effort qu'elle impose, de
chaque but qu'elle se propose.

Savoir très bien le pourquoi intelligent de

ce qu'on veut ; savoir qu'on le peut et l'accomplir parce qu'on le veut, le mécanisme est simple : l'usage le rend familier et possible.

HABITUDES
SENTIMENTALES ET
INTELLECTUELLES

Les fausses confidences.

Sauf dans certaines grandes circonstances exceptionnelles, les femmes font des confidences qui sont toujours un peu fausses.

Ce n'est pas qu'elles aient l'intention habituelle de tromper, mais, dans une inconscience merveilleuse, elles oublient le détail typique qui éclaire une affaire dans son vrai jour ; elles négligent une circonstance importante

qui échappe à leur futile mémoire et puis,
d'instinct, il faut (c'est plus fort que leur volonté) qu'elles « arrangent » les choses et le
récit des événements, non suivant l'exacte
vérité toute simple, mais en la déformant
d'une façon incroyable, la faisant passer au
crible de leur imagination fantaisiste et injuste.

Une même histoire racontée par trois femmes
n'a de semblable que les noms des héros et
encore !...

Méfions-nous aussi du côté littéraire qui
« pare » certaines confidences : on ajoute tel
incident « qui fait bien »; d'une réflexion venue
après coup on fait le pivot de l'histoire; tel
comparse obscur joue un rôle prépondérant ;
le héros qui avait été un peu tendre devient
dans l'anecdote fort entreprenant et la confidence va plus loin, surtout plus à côté de la
vérité, que ne le promettait son début.

Prenons garde à l'imaginative démangeai-
son que nous avons parfois de parler, de nous
raconter.

Notre vie se compose, en général, de petits faits insignifiants que notre vanité inconséquente, pour se satisfaire, amplifie ou transforme, et la griserie féminine du bavardage aidant, voilà une fausse confidence de plus... mise en circulation, car, ne nous y trompons pas, dans ces cas-là notre équivoque franchise trouve sa juste récompense dans la douteuse discrétion qui l'écoute.

Les pleurs.

« Toujours un peu de faste entre parmi nos pleurs », le poète dit faste pour employer un terme de noble allure, le mot de grimace conviendrait mieux en bien des cas.

Mainte petite fille, qui vient d'être grondée, sanglote avec un intérêt passionné devant sa glace : ne la dérangeons pas, elle se regarde pleurer; c'est un bizarre amusement mais aussi une distraction instructive ; elle apprend à pleurer sans être trop laide, plus tard, elle s'en servira.

Beaucoup de femmes restent des petites

filles : elles aussi observent curieusement les
ravages heureux ou intéressants que les larmes
donnent à leurs physionomies ; elles savent
dans les plus petits détails comment elles
sont quand elles pleurent, seulement, les unes
savent bien jouer de leurs glandes lacrymales,
les autres n'en sont pas maîtresses, et c'est
désastreux à tous les points de vue.

Entre les larmes faciles et les pleurs étudiés
il reste très peu de place pour les vraies larmes ; celles-là ne tombent que dans le silence,
l'ombre, la solitude.

Tâchons d'être avares de nos larmes ; qu'elles
ne soient que les discrètes détentes de nos
vraies douleurs irrémédiables.

Nous devons être toujours dans le feu du
courage de vivre : ne détrempons donc pas
nos énergies et nos jours dans les pleurs inutiles.

La comédie et le drame chez soi.

Certaines femmes vivent en toute simplicité, sans complications d'aucune nature.

D'autres s'étudient, s'analysent, se regardent vivre ; elles jouent leur vie, elles sont les spectatrices d'elles-mêmes et elles oublient de ressentir leurs rôles tant elles sont occupées à contempler, à critiquer leur propre jeu.

Dans une action qu'elles font, ce n'est pas l'acte lui-même qui les intéresse, mais, la façon dont elles s'y prendront pour le faire.

Devant un événement qui va se produire elles se représentent le visage, les attitudes

qu'elles auront et elles s'amusent ou s'attristent d'] leurs personnages.

À force de se les représenter dans le vide,
elles les changent, les dénaturent, en font des
grotesques dont le ridicule les paralyse d'agir
le moment venu et ces représentations tristes
ou burlesques de leur cerveau, finissent par
empêcher ces femmes d'imagination d'être
elles-mêmes ; dans la vie réelle elles font
figures de mannequins presque animés ; leur
existence est comme remplie de tableaux vivants intérieurs dont la contemplation ne leur
laisse pas de temps pour vivre.

Ceci est un grand danger parce que c'est
le sûr moyen de vivre dans l'inertie, de négli-
ger ses devoirs ou de les remplir aussi mal
que possible.

L'imagination est une parure des choses de
la vie, elle ne doit pas en être l'absorption.

L'optique du théâtre, surtout chez soi, ne
vaut rien pour l'application aux réalités journalières ; à force de se raconter des his-

toires, on devient inactives, paralysées.

Nous existons pour vivre et agir, non pas pour nous amuser ou nous effrayer de nos pensées.

Il est bon de prévoir ce qu'on fera ; il est mauvais de se représenter comment on l'accomplira.

Vivons notre vie, ne nous la racontons pas.

L'amputation sentimentale.

Il y a des cas très douloureux dans la vie féminine où il faut savoir non pas rompre et délier, peu à peu, mais couper bravement, d'un seul coup,

Si honnête que soit une femme, elle a des tendances affectueuses, dangereuses, qui la mettent, sans qu'elle y prenne garde, dans des alternatives et des situations dont elle ne peut sortir intacte, digne et loyale que par une amputation rapide, totale et décisive.

Ce qu'il faudrait en premier retrancher de nous, c'est cette malencontreuse sensiblerie qui fait dévier avec une traîtrise étonnante le moindre sentiment féminin de son élan primitif qui est presque toujours humain et honorable.

Pratiquons, avec une sage méfiance, les rôles d'amie, de confidente, de conseillère.

Pour nous en remercier, les femmes ne seront qu'ingrates mais les hommes seront pires.

La prudence féminine veut absolument que nous ne donnions rien de nous-mêmes, si insignifiant que ce soit, à qui n'a aucun droit d'en faire usage.

Devenons circonspectes, même avec les plus inoffensifs : c'est autour de la femme, tâchons de nous en souvenir, « que l'ennemi tourne comme un lion rugissant » ; il a souvent des airs très timides, doux, bon enfant, ce pauvre lion ; il rentre ses griffes d'une façon toute pacifique, n'oublions pas qu'il peut les sortir très vite.

Et s'il les sort, même une seule toute petite fois, coupons hardiment d'un coup sec et vif, il est temps.

Tricher n'est pas jouer.

Les hommes se plaisent au flirt actuel : ils y trouvent une excitation, des sensations, des joies multiples pleines de saveur ; compromettre une femme plus qu'elle ne le voudrait, avoir l'orgueilleuse satisfaction de l'afficher ; la conquérir, disons à moitié, faire l'aimable et l'empressé, jouer en perfection le rôle de galant homme, voilà le bilan agréable du flirteur.

Celui de la flirteuse est moins beau, plutôt triste.

Chaque hommage qu'elle reçoit n'est qu'une

insolence bien déguisée, juste réponse faite à son équivoque avance ; tous ces frôlements, ces démonstrations empressées qu'elle provoque la diminue ; elle s'imagine conduire et maîtriser, elle subit tout simplement.

Sa seule honteuse et déshonorante sauvegarde dans ces jeux inutiles et nuisibles, c'est qu'elle triche tout le temps, ce qui n'est guère plus honnête que de payer.

Sous-entendus, promesses différées, sourires ou bouderies, dérobades ou tentations, autant de dettes de jeu que la femme contracte avec la volonté délibérée de ne jamais les acquitter !

En bon français, comment cela doit-il s'apler ?

On dit : « Mais le flirt, c'est précisément cela », c'est s'amuser avec le feu pour se chauffer un peu sans jamais se brûler ». Alors tant pis pour le flirt : il doit être réprouvé par toutes les femmes honnêtes ; elles n'ont rien à y gagner, tout à y perdre ; pour s'en convain-

cre, il suffirait qu'elles entendissent causer
entre eux leurs flirteurs : elles seraient édifiées
sans conteste et guéries.

Amitié.

Il n'y a pas d'amitié possible entre femmes, paraît-il, ce sont les hommes qui le prétendent ; cela les arrange de le croire et comme ils confondent, sans examen, tous les sentiments un peu tendres du cœur, ils aiment autant ne perdre aucuns de ceux qui leur paraissent une partie de leur domaine exclusif.

L'amitié n'est pas toujours le résultat de la communauté des goûts ; elle n'est d'abord qu'un attrait de sympathie raisonnée ; elle ne devient amitié que lorsque l'estime réciproque s'impose avec force et si l'estime n'existe pas ce n'est pas de l'amitié; c'est cette dernière condition qui la distingue nécessairement de l'amour où l'estime ne joue qu'un rôle très accessoire.

Deux femmes qui sont amies doivent se garer des éclaboussures, des médisances, des méchancetés qui guettent la tranquille honorabilité et l'agrément de leurs relations.

Elles portent ombrage par le fait de leur bonne entente à toutes celles qui ne possèdent pas un bien analogue aussi rare, c'est très humain.

L'amitié d'un homme pour une femme est un leurre : l'un ou l'autre ne s'y maintient à sa place d'ami que pendant un temps, et c'est dommage, car les rares cas d'exception montrent combien ce serait l'idéal d'amitié que celui-là.

Les amitiés féminines, qui sont souvent très réelles, sérieuses et bonnes, sont abîmées par les démonstrations extérieures qui prêtent au rire ou à la critique, par l'exagération qui en use trop vite la durée et par l'impossibilité où sont les femmes d'avoir plus d'un sentiment sérieux à la fois.

En y regardant bien de près, les amitiés féminines sont la plupart du temps des attachements factices ou passagers, en attendant mieux, ce qui veut dire en attendant l'amour : l'unique attente avouée ou non de la vraie femme.

Si nous avons la chance inespérée d'avoir de vraies amies, aimons-les de tout notre cœur, avec générosité, dévouement et discrétion.

Partageons les peines et les joies du cœur et du cerveau ; ne mêlons pas les intérêts et craignons les questions d'argent.

Soyons non méfiantes mais prudentes sur la question confidence ; évitons de savoir les secrets qu'on regrette souvent d'avoir dits : c'est la curiosité, le désir de dominer, les bavardages indiscrets qui gâtent les amitiés de femmes.

Donnons plus encore de sûretés que d'as-

surances ; ne péchons pas par excès de confiance ni par dissimulation, et quand la rup-
ture viendra, peut-être, arrangeons-nous
d'avance pour avoir plus donné que reçu.

L'amour.

Ce serait téméraire et même outrecuidant de vouloir traiter un pareil sujet sur lequel s'évertuent, avec le talent et la désinvolte moralité que l'on sait, tant de docteurs et de doctoresses ès-passions.

L'amour qui nous intéresse, c'est l'amour conjugal, le seul qui ait le droit honnête de faire parler de lui : c'est même avoir à notre époque un certain courage que de le dire hautement.

Notre vrai rôle social à nous, femmes, c'est d'être mariées ; notre vocation normale, c'est le mariage ; notre désir le plus fréquent, le plus touchant, le plus naturel et le plus respectable, c'est de nous marier.

La femme qui dit le contraire est une malade, ou ne dit pas la vérité.

Un aveu aussi dénué d'artifices amènera, nous n'en doutons pas, d'ironiques sourires sur les lèvres des aimables rieurs toujours prêts à débiter de grotesques ou méchantes plaisanteries sur les femmes et en particulier sur les vieilles filles ; cela n'a du.reste aucune importance : se moquer n'a jamais rien prouvé, sinon la stupidité du moqueur.

Dédaignons les mauvais plaisants, traitons avec gravité un grave sujet.

La femme dès sa jeunesse tend à l'amour et, n'en déplaise aux romanciers, ce qu'elle souhaite d'abord, c'est l'amour honnête et permis.

Seulement les éducateurs de sa jeunesse ne lui en parlent jamais : ce n'est pas une matière du programme d'enseignement et c'est bien dommage, soit dit en passant.

Alors elle se forge d'elle-même un rêve de

toutes pièces dont les éléments plus ou moins faux ou malsains lui sont fournis par des lectures dangereuses ou niaises, par des conversations ineptes ou sales, par une surexcitation que procure l'insuffisance accoutumée d'hygiène physique et morale.

Toute femme souhaite ardemment aimer un être de tout son cœur, se dévouer toute à lui ; elle veut vivre de son sourire, de son bonheur à lui ; interrogez-en une ou cent, c'est toujours le même rêve dont elles vous parlent.

Pourquoi donc alors y a-t-il tant de funestes unions malheureuses, quand ce désir féminin de dévouement tendre est si universel ?

Par la simple raison que la femme arrive au mariage sans avoir précisé dans son esprit en quoi consistera ce grand amour toujours souhaité avec tant d'ardeur, trouvé avec un si cruel désenchantement.

On trompe, sans cesse, la femme par des théories funestes à son avenir conjugal : « elle est », lui dit-on, « l'égale de l'homme,

elle a droit au bonheur comme elle l'entend
et doit le prendre où elle le trouvera ; elle
doit connaître ses droits au moins autant que
ses devoirs, etc. »

Erreur fatale, comme on dit dans les ro-
mans ; tout cela c'est de la littérature, bonne
à déséquilibrer les femmes et à leur préparer
les pires douleurs, les plus amères déceptions.

La vérité n'est pas là : elle est toute dans la
conception raisonnable du mariage, tel qu'il
est, avec ses joies douces et grandes et l'ensemble de ses peines, de ses erreurs et de
ses certitudes.

L'homme que nous épousons n'est pas notre
égal ; il sera notre maître, par la loi, les coutumes, la force, l'instinct de la nature, les
droits physiques qu'il a sur nous ; de cela
nous devons être instruite et convaincue avant
de l'épouser (libre à nous de le choisir tel
que nous puissions être fière de lui être asser-
vie), mais il faut que nous sachions qu'il a,
que nous le voulions ou non, des droits ou

justes ou arbitraires qui priment les nôtres :
c'est ainsi.

Par le seul fait de sa nature, de son éducation, de ses fonctions, de son manque de souplesse morale, l'homme, même le plus épris,
nous laissera le soin de faire la plus grande
partie des concessions dans la difficile entente des caractères !

Dans le mariage, si nous voulons n'en faire
aucunes ou si nous exigeons que le partage
des abnégations soit égal, ne nous marions
pas, car c'est à la femme qu'elles échoient
toujours.

Avant de considérer les avantages de posi-
tion, de fortune, de convenances d'un mariage,
observons celui que nous devons épouser ;
non pas en petite fille qui s'éprend d'une jolie
silhouette, mais en femme avisée qui sait que
la vie sera longue et qui se demande si elle
pourra la vivre avec joie, aux côtés, dans
l'ombre, tout près, mêlée à cet inconnu d'hier,
qui demain sera le tout de son existence.

Songeons que celui-là dans la réalité, nous devons l'aimer comme notre rêve (même s'il lui ressemble très peu) ; qu'à celui-là nous devrons être fidèle de pensée, de cœur, de tout nous-mêmes et pour l'éternité.

Ayons l'honnêteté d'ouvrir tout grands les yeux sur lui et sur nous-mêmes, c'est le moment, car, après le mariage, il sera temps de les fermer bien fort, avec conscience et scrupule.

Surtout ne rêvons pas trop ; ne nous figurons pas épouser un demi-dieu, un irrésistible héros, un phénomène ; ce n'est la plupart du temps simplement qu'un homme, un pauvre homme souvent, avec beaucoup de défauts ou de travers, quelques qualités, un physique parfois brutal, un cœur qui n'a pas l'habitude de la fidélité, et un cerveau qui a de parti pris un vague mépris pour le nôtre.

Avec tout cela il faut faire notre bonheur sur la terre et le plus consolant, c'est que nous pouvons y arriver très bien.

En regard de ce mari, songeons à la femme réelle que nous sommes ; au moment de faire ce fameux don de nous-mêmes dont les littérateurs parlent tant, et même trop, réfléchissons avec loyauté à ce que c'est au fond que ce nous-mêmes et nous trouverons que la valeur que nous y mettons est peut-être un peu surfaite ; nous faisons un contrat ; chacun y apporte avec le plus d'honnêteté possible, espérons-le, ce qu'il promet ; ce sont deux rêves qui vont nécessairement devenir deux réalités.

Ne soyons pas plus excessive dans notre déception inévitable qu'il ne convient et ne confondons pas l'amour passion avec l'amour sain et durable : celui-ci seul est souhaitable dans le mariage et il est accordé comme la foi aux âmes de bonne volonté.

Savoir être jeune.

Porter sa jeunesse avec insolence est blâ-
mable, la traîner avec ennui sans rien en faire
est une sottise et une honte.

On dit que le plus heureux temps de la vie
c'est la jeunesse, cela n'est peut-être pas bien
sûr.

Nous commençons la vie avec un certain
effarement, un besoin si ardent de goûter à
tout, d'être nous-mêmes, de jouir de nos cerveaux tout neufs, de nos corps souples et
forts, de posséder le monde entier, que nous
sommes les faciles dupes de nos sensations

grisantes et que nous brûlons les étapes du sentiment, de la pensée, écrasant la fleur délicate de toute chose sous nos doigts inhabiles et trop pressés.

Nos jours, à nous les jeunes, sont une suite ininterrompue d'essais douloureux ou écœurants, de joies entrevues, de chagrins imprécis ; nous n'étudions à loisir aucune des épreuves heureuses ou tristes par lesquelles nous passons et nous semons avec insouciance, comme à pleines mains, dans une entière inconscience, la seule jeunesse que nous vivrons jamais ; c'est la commune loi.

Il vaut encore mieux s'y soumettre, se laisser griser par la joie neuve de vivre, que d'entrer dans l'existence avec cette crainte encore injustifiée, cette méfiance de tous, ce dégoût prématuré, ce souci trop écrasant qui barrent certains fronts jeunes de signes attristants.

C'est un jeu funeste pour la plante que d'ouvrir ses bourgeons avec les doigts : c'est un crime de lèse-humanité qu'on commet, sous prétexte de donner de l'expérience, que de faire souffrir, peiner, douter un être jeune qui n'a pas encore vécu.

Ne gâchons notre commencement de vie ni par trop de fougue, ni par trop de mollesse ; jouissons de notre jeunesse en nous préparant toutefois à être vieilles un jour prochain.

Ne faisons pas comme les enfants « qui veulent se dépêcher de dormir pour être plutôt au lendemain ».

Demain viendra bien assez vite ; jouissons du jour présent en l'employant de notre mieux, surtout à nous armer pour la vie, nous en aurons besoin.

Apprendre la vieillesse.

Nous vivons notre jeunesse comme si elle devait durer toujours et la vieillesse nous surprend sans que nous l'ayons préparée.

Cependant nous sommes vieilles bien plus longtemps que jeunes et nous y arrivons avec une lamentable inconscience qui fait de nous des épaves, des loques vivantes, de sombres égoïstes ou d'odieuses détraquées.

Dans la jeunesse, nous jouissons avec hâte, d'une façon gloutonne et sans choix, des choses bonnes de la vie et de nous-mêmes; quand nous vieillissons, nous devrions trouver, en

10

cherchant bien, d'autres choses tout aussi
bonnes, que nous pourrions savourer plus à
loisir avec des sens et des sentiments plus
affinés, plus avertis, plus expérimentés ; le tout
serait de chercher avec une attention intelligente au lieu de rester figées en un effroi
grognon devant nos cheveux blanchissants.

'Quand on est jeune, sait-on vraiment ce
que c'est que l'amitié, le travail intellectuel,
la discipline de soi, les plaisirs de l'esprit, la
culture intelligente et douce des relations ?

Il faut l'expérience de la vie et le long tâ-
tonnement de soi-même pour connaître tout
cela.

Quand nous sommes vieilles, la vie en commun n'a plus les mêmes exigences ; nous
avons acquis vis-à-vis des autres le droit à
un repos gagné, à une certaine évasion des
soucis de l'existence ; nous pouvons aider les
autres de notre expérience s'ils le demandent et
nous priver parfaitement de la leur si elle nous
ennuie ; ce ne sont pas les signes extérieurs de la

vieillesse qui font notre habituelle solitude ;
c'est notre morose esprit de dénigrement de
la conduite des jeunes, c'est notre perpétuelle
habitude de récriminations sur le passé et
de désolants pronostics sur l'avenir ; ce sont
nos sempiternels accès de mauvaise humeur
qui effarouchent les oiseaux de jeunesse,
c'est la stupide coutume qui prétend que la
vieillesse a droit à tous les égards et n'en doit
à personne!

Si nous savons rester alertes et cultivées de
cerveau, accueillantes, charitables, bienveil-
lantes de manières, si notre expérience n'est
pas toujours vêtue du noir manteau de la désil-
lusion, nous aurons beau avoir une vieille
peau toute plissée, des misères physiques nous
serons aimées, entourées.

Et puis, quand même nous aurions beaucoup d'heures solitaires ! n'avons-nous donc
pas besoin de calme, de réflexion, de médita-
tion pour être à la hauteur d'une vieillesse
bien vécue, qui ne soit à charge à personne.

Les humains sont ingrats et oublieux de nature : les souvenirs qu'ils gardent de nous sont souvent les derniers en date ; soignons un peu mieux la mémoire qu'on aura de nous ; il n'est pas défendu d'être coquette pour le souvenir que nous laisserons.

Ne nous abandonnons jamais. Varions nos vies suivant nos âges ; ne pesons ni sur les jeunes ni sur nous-mêmes : la vraie tâche bonne de celles qui ont vécu, c'est d'alléger le fardeau des jeunes qui ont à vivre.

En s'y appliquant la vieillesse doit être un couronnement plutôt qu'une déchéance : le tout est de cultiver en soi les qualités, les talents, les vertus pratiques qui subsistent, grandissent et demeurent quand les charmes disparaissent.

Le travail.

Rien n'est plus pernicieux pour les femmes que de ne rien faire.

Leurs travaux manuels sont excellents, mais ils ne suffisent pas ; une femme qui veut se conserver intacte de cerveau jusqu'à un âge avancé doit cultiver son intelligence avec méthode et continuité. C'est une condition essentielle de la conservation d'un cerveau que son fonctionnement journalier et discipliné dans une étude en dehors des occupations de la vie courante.

Sans apprendre le sanscrit ou le chinois, il

est utile d'étudier d'une façon suivie une langue étrangère, de consacrer une heure ou deux par jour à cultiver un art quelconque, non pas avec ostentation mais pour soi-même, pour le développement constant et raisonné de sa propre intelligence.

Les visites, les soins du ménage, l'éducation même de ses enfants ne sont pas la culture de soi. Le travail intellectuel est l'ami, le délassement énergique et sain où tout notre être se détend et oublie, pour mieux les reprendre ensuite, les tracas, les petites choses nécessaires, mais souvent ennuyeuses de la vie.

Pour nous obliger à un travail intelligent, nous n'avons pas du tout besoin de jouer à la précieuse, de faire étalage de notre occupation studieuse ; le travail a le droit d'être un plaisir égoïste ; c'est dans l'ombre et le silence qu'il est nécessaire; ses vertus et ses qualités sont en raisons directes du manque de parade que nous y mettons.

En cherchant bien, toute femme qui saura régler sa vie, trouvera le temps à consacrer à un travail d'intelligence qui ne doit prendre qu'une partie petite, délimitée mais assurée de notre vie, sans nuire à nos autres devoirs.

En tirant son aiguille ou en maniant ses crochets, la femme piétine, toujours, en pensée, dans son cercle journalier d'idées et de préoccupations ; elle ne fait aucun chemin intellectuel en dehors de sa petite sphère routinière ; il lui faut donc en plus un travail obligé d'intelligence qui l'empêche de rester stationnaire sous peine de déchoir ; qui ne se meut pas rétrograde, c'est infaillible, dans le domaine de la pensée.

Il y a des études intellectuelles de toutes les envergures ; choisissons-les à notre taille et travaillons avec régularité.

Élargissons le champ de nos intelligences ; conservons-les lucides par une occupation spéciale journalière.

Adoptons pour la devise de notre travail de cerveau : « peu mais bon » : ce sera la vraie mesure.

Plaire. — Aimer.

Plaire est un don ; aimer est un art.

Celle qui plaît a un rôle passif, facile, monotone, égoïste et dangereux.

Celle qui aime est semblable à un collectionneur passionné qui ajoute chaque jour une pièce curieuse ou rare à son trésor ; elle varie les témoignages de tendresse et d'attachement à l'infini et n'a pas assez de toutes les heures de sa vie pour s'occuper de ce qu'elle aime.

Le rôle d'idole a ses gloires et ses orgueils; celui d'adoratrice a ses joies infinies de sacrifices, ses recherches savantes et naïves d'exprimer son adoration, ses trouvailles géniales de cœur et de dévouement.

On se fatigue d'être adorée parfois, on ne se lasse pas d'aimer.

Le rêve de toute femme c'est à la fois de plaire et d'aimer; malheureusement, c'est un rêve difficile à réaliser.

Souhaitons-nous la meilleure part qui est d'aimer.

Vivre en idole n'est pas vivre exempte d'ennui; vivre pour aimer c'est mettre dans la vie la vraie flamme qui fait agir, penser, souffrir, créer; le pire dans l'existence c'est de ne rien aimer, de ne s'attacher à rien: c'est la mort anticipée.

La blague desséchante et désenchantante.

Soit par une bizarre pudeur de montrer son cœur, soit par orgueil ou par vaniteuse timidité, il y a des femmes qui parlent de tous les sentiments avec une apparente légèreté moqueuse ou un faux et malencontreux dédain qui déshonore leur vie sentimentale.

Qu'elles y prennent garde, ces agréables persifleuses, on commence pour s'amuser, pour donner le change, par jeter une teinte de ridicule sur tous les élans, les enthousiasmes, les plus respectables usages de cœur, et puis, un jour vient où les moqueuses y sont prises et donneraient tout au monde pour être normales, mais, elles ne le sont plus et elles ne peuvent plus ressentir normalement les choses : c'est la punition inévitable.

Rien ne dessèche une âme, rien n'appauvrit un caractère comme la moqueuse blague qu'on emploie d'abord lâchement, disons bêtement, sur tout ce qu'on ne comprend pas, sur ce qui n'est pas à notre niveau peut-être, et puis, un jour, elle se retourne, en ricanant elle aussi cette desséchante blague, mais, c'est en constatant que sa fidèle dévote s'est prise au piège, qu'elle est maintenant désenchantée de tout, quoi qu'elle fasse, et qu'à force de vouloir rabaisser, niveler toute chose, la pauvre femme est devenue un être inerte et nul qui, après avoir souri de tout, est abandonnée par tout ce qu'elle a dénigré, sali, calomnié; par ces beautés de la vie qui se vengent royalement en la laissant dévorée du regret amer de toutes les belles choses sur lesquelles toujours elle a craché, pauvre pygmée moqueur, et qui la vomissent avec justice, à leur tour.

Les forces de la vie ont toujours leur revanche assurée : savoir respecter est une science nécessaire qu'il faut acquérir (quand ce ne serait que par prudence).

Ne blaguons rien, nous sommes ou serons asservies à tout ; il vaut mieux comprendre que dénigrer ; la moquerie des choses graves n'est que l'incompréhension d'un être incomplet malgré son vernis spirituel.

Ne souillons pas de nos sarcasmes idiots le bon et le beau de la vie : elle est souvent bien lourde cette vie, bien triste aussi ; n'est-il pas fou au dernier point de vouloir couper d'avance toutes les ailes qui pourraient nous porter au-dessus de tant d'amertumes certaines.

La jalousie égoïste.

Quel que soit son objet, la jalousie n'est que l'égoïsme, et sous quelques formes qu'elle se montre, elle est déplaisante, allant toujours à l'encontre de son but et maladroite dans ses moyens ; en un mot, comme la colère, elle a toujours tort quand même elle a raison.

Il est naturel, humain et juste de vouloir défendre et garder son bien ; seulement, il faut d'abord savoir jusqu'à quelles limites va la possession d'un bien et ensuite choisir d'une façon intelligente et judicieuse les moyens

par lesquels on défendra ce bien qu'on veut
se garder.

Les jalousies se ressemblent toutes ; celle
d'une mère pour les amies de ses filles, par
exemple, n'a pas les mêmes raisons et les
mêmes excuses que celle d'une femme vis-à-
vis de son mari ; rien de moins contestable
et pourtant, les effets, les formes, les récriminations, les scènes sont les mêmes.

Nous voulons suffire à qui nous aimons et
n'admettre aucun partage ; par malheur, nous
ne faisons pas souvent tout ce qu'il faut pour
contenter et garder qui nous aimons et puis
la grande et sévère vérité, c'est que nous ne
pouvons rien contre la liberté intime de ceux
que nous aimons.

Eux seuls sont les seuls gardiens de la fidélité qu'ils nous doivent ; quels que soient nos
cris de douleur ou de colère, eux seuls déci-
dent sans appel si nous leur suffisons, si pour
jamais en nous ils trouvent leur idéal, s'ils
veulent tenir leurs serments ou non.

Même dans le mariage, où la foi est jurée, où tout de nous est loyalement et moralement lié, la stabilité des sentiments n'est pas assurée malgré la stricte teneur du contrat, et, le jour où l'un des deux s'évade de cœur et de cerveau de la fidélité, notre jalousie n'est qu'une dou-'eur impuissante aussi bien qu'égoïste : celui qui veut fuir n'a plus d'amour, celui qui veut garder ne sait vouloir que conserver son bien coûte que coûte : ce ne sont plus deux êtres qui s'aiment unis dans la même vie, ce sont deux antagonistes qui se volent, l'un son bonheur, l'autre sa liberté.

Les récriminations, même les plus atten-drissantes, lassent ; les scènes, les espionna-ges, les mesquines taquineries font haïr ; on ne retient de force ni une mère, ni une fille, ni un mari, ni une amie.

La plus habile façon de se défendre, la plus intelligente, c'est de paraître ignorer, d'attendre sans jamais entrer dans la voie des reproches et des explications.

La jalousie n'est honorable que muette ; le silence l'ennoblit, lui enlève son cachet d'égoïsme ; ce n'est plus qu'une atroce souffrance mêlée, pour un temps, à tous les actes de la vie mais qui a sa fin assurée car, heureusement dans la vie sentimentale la jalousie ne peut être éternelle : ou elle tue l'amour ou elle est tuée par lui.

Nous sommes le champ clos de cette terrible lutte ; serrons les dents pour ne pas crier nos souffrances ou, ce qui est encore mieux, sourions bravement, même à qui nous fait souffrir la terrible douleur : l'héroïsme sentimental apporte toujours sa récompense avec soi et puis on est moins triste quand on se force au courage.

Devoirs des filles envers leurs mères.

Ils ne sont pas si nombreux qu'on peut le croire ; il suffit pour les filles d'avoir du cœur, de la mémoire et de la partialité.

L'aveuglement volontaire est ici nécessaire et recommandé, car il serait trop difficile de concilier la gratitude que l'on doit pour tout ce qu'on a reçu et le jugement qu'on se permettrait pour tout ce qui pourrait manquer.

Mieux vaut donc ne jamais mêler la justice à nos sentiments filiaux ; nous serons assurées d'abord de n'être pas ingrates, ensuite de ne pas assumer un rôle assez odieux, en tout cas fort déplacé, de fille à mère.

Les devoirs de tendresse filiale sont trop connus pour qu'il soit utile de les énumérer ; il en est un plus dédaigné dont il importe de parler : c'est le respect des formes à observer.

Nos mères, dans notre jeunesse, y tiennent peu ; en vieillissant elles ne nous demandent surtout que cela : toujours quand elles arrivent à l'âge où les démonstrations, les exubérances, les agitations les fatiguent, elles sont de plus en plus jalouses des formes de respect qu'elles trouvent leur être dues et cela jusqu'à l'extrême susceptibilité.

Souvent la vie, notre expérience, notre orientation différente d'esprit, nous ouvrent trop les yeux sur des faiblesses, des exigences maternelles arbitraires, des manquements, des exagérations qui pèsent sur notre vie et dont nous avons la rancune ou les rancœurs. Prenons garde, nos yeux de filles ne doivent pas rester ouverts sur cette vision dangereuse pour le respect.

Nous avons toujours le temps et le pouvoir

de redresser de nos vies et de nous les choses pénibles dont nous pouvons être redevables à nos mères, tandis que celles-ci ont presque fini leurs vies ; tant bien que mal elles ont fait ce qu'elles ont pu ; prodiguons-leur la plus ample générosité dont nous sommes capables ; ne les accablons dans leur vieillesse ni de nos reproches ni de notre indifférence.

Ne doublons pas la charge à leurs vieilles épaules fatiguées, par le poids écrasant des peines de nos vies laborieuses ou doulou-reuses; n'usons pas dans des tristesses, ve-nant de nous, les derniers jours d'une vie, source de la nôtre, malgré tout.

Si nous avons de justes griefs, faisons en sorte d'honorer la maternité dans la mère moins honorable.

Ne nous révoltons pas trop contre un joug même un peu odieux : notre soi-disant tyran n'est, à bien considérer, qu'un pauvre être débile qui va disparaître ; accordons-lui, d'avance, de son vivant, l'oubli et le pardon.

Les larmes d'une mère sont trop tristes, mais ses remords ou ses regrets sont affreux ; évitons-les-lui : c'est un beau devoir de cœur et de raison.

Devoirs des mères envers leurs enfants.

Les mères de famille ont d'admirables et multiples devoirs qui sont aussi nombreux que difficiles; ils demandent surtout à être remplis avec tant d'intelligence et de si divers états d'âme, qu'une femme, qui aura été « la mère » dans toute la belle acception du mot, doit être l'objet de l'admiration et du respect de tous.

En théorie tout dépend de la mère; en pratique, très peu de choses se ressent de son influence; elle n'est pas assez réfléchie elle-même, en général, pour donner une empreinte ineffaçable d'elle en ses enfants ; nous parlons au point de vue moral et intellectuel, bien entendu, car, pour le physique et l'éducation extérieure, c'est le contraire.

La femme assez soumise avec ses parents et son mari est presque toujours très autoritaire avec ses enfants ; elle ne veut abandonner sa domination sur eux qu'à la mort, ce qui occasionne presque tous les conflits et différends qui attristent les familles.

Dans d'autres pays, les mères emploient les conseils comme moyens d'éducation ; elles sont l'amie sûre, aimante, expérimentée qu'on écoute toute la vie ; dans le nôtre, les mères ordonnent et professent *ex cathedra* et prétendent être obéies, toujours, parce qu'elles sont les mères.

Ceci est excessif et dangereux, la pratique le montre sans cesse d'une façon convaincante.

Les mères devraient donc être plus circonspectes dans l'emploi de leur autorité, plus modestes aussi dans le choix de la place qu'elles exigent avoir dans la famille ; elles devraient avoir plus d'indulgence et de réel esprit de direction pour laisser leurs enfants hors de leur pression, quand il en est le temps logique.

Il faudrait faire comme les grands artistes qui abandonnent la scène de leurs triomphes, avant d'avoir déchu.

La mère vieillissante, devant les enfants grandissants, devrait se retirer dans le domaine de l'affection pure, active de cœur seulement.

Il faut laisser nos enfants faire leur vie avec leurs propres ressources morales et intellectuelles ; nous devons être seulement un appui qui ne leur manque jamais quand ils le demandent, mais ne pas devancer cet appel et craindre dans cette voie d'en faire trop, plutôt que pas assez.

N'encombrons pas leur vie de notre expérience dont ils ne savent plus que faire à partir d'un certain moment ; ne commettons pas la faute de trop mêler nos vies qui n'ont plus et ne doivent pas avoir la même orientation.

Les jeunes vivent les réalités de la vie ; les vieilles ont les souvenirs du passé, la conscience des devoirs accomplis, les rêves et les espérances d'au-delà.

En leur montrant une vieillesse sereine et courageuse, découvrons à nos enfants les beautés de la vie au lieu de les attrister par nos doléances ou nos prédictions ; prouvons-leur, par notre exemple, à quel port de sécurité morale on peut arriver.

C'est de notre exemple que nos enfants ont besoin et non de nos discours.

Montrons-leur avec quelle dignité, quelle souriante résignation, quelle inébranlable douce fermeté on finit une vie bien remplie ; comment on vieillit sans se plaindre, et, comment on meurt sans trembler.

Clarifions nos pensées.

Les idées ne manquent pas aux femmes :
c'est la réflexion approfondie qui leur fait
défaut.

On trouve une foule d'esprits féminins d'une
alerte souplesse, d'intuition rapide, d'instinct
compréhensif, pourrait-on dire ; sur n'importe
quel sujet d'ordre moyen ils se font d'emblée,
sans la moindre étude, sans même y penser,
une opinion d'ensemble et de superficie qui
n'atteint certes pas le cœur des questions,
mais qui en donne un aperçu quelquefois
juste, souvent brillant, toujours insuffisant.

La femme la plus précise dans ses actes
spontanés a non seulement du vague dans le
cerveau, mais un côté vaseux dans le raisonnement où l'on s'enlize et perd pied dès qu'on
veut s'y aventurer d'une façon un peu sérieuse.

Ses idées sont comme des météores plus
ou moins brillants qui passent rapides, fulgu-
rants, sans laisser aucune trace sur une imagination trépidante ou endormie qui n'est
presque jamais unie à la solidité d'une réflexion
logique et ordonnée.

Parler avec adresse sans savoir rien de
précis, penser sur tous les sujets sans appro-
fondir aucun d'eux, écouter d'une oreille
distraite sans comprendre par paresse de s'appliquer plus que par inintelligence, voilà le
bilan féminin sévère et juste.

A côté de cela une adresse incroyable à paraître renseignée sur toute chose, un bagou
qui étourdit les plus avertis, une habileté
charmante à tirer parti du peu qui a été compris.

Beaucoup de femmes lisent, même des livres sérieux ! De ceux-ci elles retiennent la forme jamais le fonds.

Pas plus que dans leurs sentiments, elles ne veulent éclairer leurs idées d'une lumière crue, car, elles aiment, pour ce qu'elles pensent, le clair obscur qui permet, dans l'application des idées, les compromissions et les doutes, ennemis jurés des convictions qui leur sont très souvent inconnues, qu'elles méprisent et qu'elles déclarent impossibles.

Une pensée pour une femme même intelligente doit être comme son chocolat de cinq heures : rapide, mousseux, délicieux, inconsistant ; cette pensée elle l'aime, la déteste, l'accepte vite, la repousse ; en un instant elle en a fait le tour anodin, suffisant pour ne pas essouffler sa volonté nonchalante, alors elle « conclut » avec une gentille sérénité que la réflexion par poids et par mesures n'est pas son fait et que pour agir on n'a pas besoin

de tant penser : on a l'inspiration !... de qui ?...
de quoi ?...

Elle ne le dit pas ; nous ne le saurons jamais, ni elle non plus du reste.

Cependant, on ne peut bien vivre sa vie,
d'une façon belle et profitable, sans avoir de
solides convictions établies sur des idées réfléchies, basée sur des connaissances réelles
et des faits acquis.

Toutes les questions dans l'ordre intellectuel et moral ne sont pas, ne peuvent être ré-
solues ; mais elles peuvent et doivent être
étudiées dans tout ce que nous pouvons y comprendre, jusqu'aux vraies limites de notre compréhension personnelle, avec l'effort de notre
propre cerveau, de notre volonté individuelle ;
nous ne pouvons tout savoir ; nous ne pouvons tout comprendre, d'accord ; toutefois nous
avons le droit et le devoir de creuser chacune
de nos idées aussi profondément qu'il nous
sera possible.

Nous ne devons rien laisser au hasard de

nos convictions possibles, sur toutes les questions qui en comportent ; nous n'avons pas la
permission morale et sociale de laisser notre
intelligence en friche ; il ne suffit pas d'arra-
cher quelques broussailles, il faut défoncer et
bonifier le terrain.

La vie féminine est bizarre dans son or-
donnance : de huit à vingt ans on étudie tout,
excepté la façon personnelle dont on pourrait
avoir des idées ; dans l'âge mûr, on n'en a pas ;
dans la vieillesse, on n'en a plus !

Ce n'est pas la quantité qu'il faudrait, il n'y
en a que trop d'imprécises, d'espèces de
toutes sortes qui tourbillonnent, se choquent
et s'entremêlent dans le cerveau féminin ;
ce qui serait nécessaire, ce serait de clarifier
tout cela, élaguer, donner de l'air, de l'ordre,
de la lumière.

Avec un peu de raisonnement logique, une
habitude d'ordre et de régularité, on pourrait en mettre à sa place, à son vrai jour,
toutes les idées qui font un tas informe dans

le cerveau d'où la femme les tire par bribes, par lambeaux avec ennui, fatigue ou insous-ciance suivant son état d'esprit du moment.

La vie intérieure.

Malgré toutes les récriminations faites sur son sort la femme est privilégiée, car beaucoup plus que l'homme, elle a et elle peut avoir la vie intérieure, c'est-à-dire la seule vraie source de courage et de bonheur assurés.

Pour cultiver en elle la vie mystérieuse et sacrée de son être intime moral et sentimental, la femme a des loisirs nombreux, de longs moments de solitude dans un intérieur qui lui plaît généralement, des heures régulières de calme dans des travaux exempts de fatigue physique et de tension nerveuse, ne de-

mandant presque pas d'application intellec-
tuelle.

Si peu maîtresse de beaucoup de ses actes
extérieurs, la femme a le temps et le goût de la
vie intérieure ; elle est toujours prête pour le
sentiment, l'exaltation, la vibration, mais elle
gâche souvent, par des rêves malsains ou
sans consistance, la belle étoffe d'âme qu'elle
a toutes facilités pour tisser en elle.

Les plus beaux sentiments féminins quand
ils s'extériorisent perdent de leur subtil par-
fum avec une rapidité déconcertante (on dirait
de ces gros ballons gonflés d'air qui éclatent
sous la moindre pression ; ils manquaient de
solide profondeur, ils disparaissent vite comme
tout ce qui n'a qu'un développement factice).

La femme a le pouvoir, la liberté, le goût
de cultiver les élans de son cœur, la direction
de son âme et de sa conscience ; il ne lui manque en réalité qu'une croyance forte et inébranlable en un idéal défini, assez sain et
assez élevé pour valoir la peine qu'on s'y

attache, qu'on en vive, qu'on en meurt même.

Croire en un idéal, c'est la source primordiale du bonheur ; mettre sa vie sous l'égide
de ses convictions, c'est lui donner la première
condition d'être une vie intéressante à vivre
pour soi et pour les autres.

Croire avec tout soi-même, c'est la condition
sine qua non de l'existence féminine.

La foi en quelque chose est la magnifique
nécessité de la femme.

Que cette foi ait pour objet une idée, un
homme, un Dieu, ce n'est pas la question qui
nous intéresse ici : l'importante, l'absolue nécessité, c'est que cette foi soit raisonnée, vivace,
active et qu'elle ne reste pas à l'état stagnant
ou imprécis, mais qu'elle se formule en pensées très nettes, en actions nombreuses, logi-
ques et réfléchies, en un parfait accord de la
vie intérieure et de l'existence vécue.

Avoir un idéal, croire en lui, l'aimer, vivre
de lui, par lui, c'est la vraie vie féminine :
tout le reste n'est que végéter.

Et c'est pourquoi ce fameux bonheur tant
cherché n'est pas du tout si loin ni si difficile
à trouver : il est en nous, dans l'orientation
de nos cœurs et de nos âmes que nous pouvons tenir dans nos mains, c'est-à-dire dans
nos volontés.

Si difficiles ou troublées que soient nos
existences extérieures, nous ne sommes vraiment malheureuses que lorsque nous laissons
envahir notre vie intérieure, ou que nous ne
savons pas en jouir, l'ordonner, la diriger et
la clarifier.

Les femmes sont nées pour être, non des
idoles, mais des adoratrices ; elles ont de par
une loi formelle de la nature l'esprit et le cœur
toujours prêts à se courber sous un joug quelconque : à elles de le bien choisir !

Maître, Idéal, c'est tout un ; c'est le choix
du Maître qui fait les âmes féminines heureuses ou malheureuses ; ce serait prudent de le
leur répéter plutôt que de leur parler sans
cesse de leurs libertés émancipées qui sont

des leurres et qui leur font chercher inutile-
ment en dehors d'elles le bien qu'elles ont en
elles.

7 Mars 1907.

TABLE

INTRODUCTION

HABITUDES PHYSIQUES

TABLE 183

10-5-07. — Tours, Imp. E. ARRAULT et Cie.

www.ingramcontent.com/pod-product-compliance
Lightning Source LLC
Chambersburg PA
CBHW072232270326
41930CB00010B/2094